Schriften des deutschen Vereins

für

Armenpflege und Wohltätigkeit.

Dreiundneunzigstes Heft.

Rosenstock, Die Erstattung von öffentlichen Unterstützungen durch die Unterstützten und durch ihre Angehörigen.

Leipzig,
Verlag von Duncker & Humblot.
1910.

Die Erstattung von öffentlichen Unterstützungen

durch die Unterstützten und durch ihre Angehörigen.

Von

Stadtrat **Rosenstock**-Königsberg i. Pr.

Leipzig,
Verlag von Duncker & Humblot.
1910.

Alle Rechte, insbesondere das der Übersetzung, vorbehalten.

Altenburg
Pierersche Hofbuchdruckerei
Stephan Geibel & Co.

Vorwort.

Als Münsterberg im Jahre 1899 Ermittelungen über die Erstattung von Unterstützungen durch den Unterstützten anstellte (Heft 41 der Schriften des Vereins für Armenpflege und Wohltätigkeit), ging er von der Voraussetzung aus, daß die im Wege öffentlicher Armenpflege gewährte Unterstützung unter allen Umständen als Vorschuß gilt, die von dem Unterstützten bei hinreichendem Vermögen zu erstatten ist (S. 2). Zwar wurden damals schon gegen diese Voraussetzung auf Grund der neueren Rechtsprechung Bedenken laut (S. 6); aber einer eingehenderen Prüfung wurde die Frage, ob und aus welchem rechtlichen Gesichtspunkt heraus die öffentliche Unterstützung von dem Unterstützten zu erstatten sei, abgesehen von der im Jahre 1897 erschienenen Abhandlung Schäfers, erst später unterworfen. Die verschiedenen Ansichten, die hierbei zutage getreten sind, und die Unsicherheit, die dadurch entstanden ist, haben den Deutschen Verein für Armenpflege und Wohltätigkeit veranlaßt, die Frage der Erstattung öffentlicher Unterstützungen wieder auf die Tagesordnung zu setzen. Es lag daher in der Natur der Sache, im folgenden Bericht nur die Rechtsfrage zu erörtern, zumal die tatsächliche Handhabung durch Münsterberg schon eine ebenso eingehende wie vorzügliche Bearbeitung erfahren hatte.

Wie damals, so ist auch jetzt die Untersuchung räumlich auf das Gebiet des U.W.G. beschränkt worden, das ja seit seiner Einführung in Elsaß-Lothringen, die am 1. April 1910 erfolgt ist, im ganzen Deutschen Reich mit Ausnahme von Bayern gilt. Die im Anhange wiedergegebene Umfrage über die Rechtsanschauung, die die Städte mit mehr als 50000 Einwohnern ihren armenrechtlichen Erstattungsansprüchen zugrunde legen, ist aber auch auf Bayern erstreckt worden, während sie in Elsaß-Lothringen, wo die öffentliche Armenpflege erst seit so kurzer Zeit auf der Grundlage des U.W.G. ruht, kein Resultat ergeben konnte. Die Umfrage ist auf die Städte mit mehr als 50000 Einwohnern beschränkt worden, weil naturgemäß nur die größeren Städte eine Armenpflege von solchem Umfange haben, daß ihre Leiter sich zu Spezialisten auf dem Gebiete des Armenrechts ausbilden konnten.

Leider ist die Zusammenstellung der Auskünfte nicht vollständig, da eine bedeutende Zahl von ihnen bei Schluß des Berichtes noch nicht eingegangen war.

Königsberg i. Pr., im Juni 1910.

Rosenstock.

Inhalt.

		Seite
I.	Die Rechtsquellen	1
II.	Die Erstattung der Unterstützung durch den Unterstützten	3
	1. Öffentlichrechtlicher Ersatzanspruch	4
	2. Privatrechtlicher Ersatzanspruch	4
	a) Die Unterstützung als Vorschuß	4
	b) Anspruch in Anlehnung an E.G. z. B.G.B. Art. 103	6
	c) Preußisches Recht	9
	d) Der Erstattungsanspruch nach allgemeinen Rechtsgrundsätzen	16
III.	Erstattungsanspruch an den Nachlaß	27
IV.	Die Erstattung der Unterstützung durch die Angehörigen des Unterstützten	33
V.	Zusammentreffen mehrerer Armenverbände	42
VI.	Statuten-Kollision	44
	1. Kollision zwischen dem Rechte des Armenverbandes und dem des Unterstützten	44
	2. Kollision zwischen dem Rechte des Armenverbandes und dem des Unterhaltspflichtigen	45
VII.	Schlußbetrachtungen	46
VIII.	Anhang	51

Benutzte Spezialliteratur.

Schriften des Deutschen Vereins für Armenpflege und Wohltätigkeit:
- 8. Heft (1889): Bestimmungen des Entwurfs eines bürgerlichen Gesetzbuchs für das Deutsche Reich in bezug auf Armenpflege und Wohltätigkeit.
  Beckmann: Ersatzansprüche der Armenverbände.
  Ludwig Wolf: Die Unterhaltspflicht.
- 9. Heft (1890): Stenograph. Bericht über die Verhandlungen der zehnten Jahresversammlung des Deutschen Vereins für Armenpflege und Wohltätigkeit.
- 41. Heft (1899): Münsterberg und Ludwig Wolf: Erstattungen von Unterstützungen durch die Unterstützten selbst und durch ihre Angehörigen.
- 45. Heft (1899): Brinkmann und Cuno: Die für das Armenwesen wichtigsten Bestimmungen des B.G.B.
- 46. Heft (1900): Stenograph. Bericht über die Verhandlungen der neunzehnten Jahresversammlung des Deutschen Vereins für Armenpflege und Wohltätigkeit.

Schäfer: „Die privatrechtlichen Beziehungen der Armenverbände zu den Unterstützten und zu dritten Personen nach Reichsrecht und preußischem Recht" in Gruchot, Beiträge zur Erläuterung des deutschen Rechts, 41. Jahrgang 1897 S. 90 ff., 229 ff.

Olshausen: „Die Erstattungspflicht des Unterstützten" in Zeitschrift für das Heimatwesen, 5. Jahrgang 1900, S. 245 ff.

Collatz: „Die Bedeutung des B.G.B. für das Armenwesen" in Preuß. Verwaltungsblatt, 21. Jahrgang 1900, S. 140/141.

Greve: „Die Erstattungsansprüche der Armenverbände 1904".

Will: „Der Rückerstattungsanspruch bei öffentlichen Armenunterstützungen" in Selbstverwaltung, 32. Jahrgang 1905, Sp. 353 ff.

Gordan: „Noch einmal: Der Erstattungsanspruch bei Armenunterstützungen", ebenda Sp. 929 ff.

Simonsohn: „Die Erstattungsansprüche der Armenverbände gegen den Unterstützten" in Zeitschrift für das Armenwesen, 6. Jahrgang 1905, S. 130 ff. 161 ff.

Jebens: „Zur Frage des Ersatzanspruchs Preußischer Armenverbände wider den Unterstützten", Preuß. Verwaltungsblatt, 27. Jahrgang 1906, S. 387 ff.

Pretsch: „Der Ersatzanspruch des Armenverbandes und § 1613 B.G.B.", ebenda 28. Jahrgang 1907, S. 849 ff.

Krech: „Die Reichsgesetze über den Unterstützungswohnsitz usw." in der Guttentagschen Sammlung, 7. Auflage 1908.

Eger: „Das Reichsgesetz über den Unterstützungswohnsitz", 6. Auflage 1909.

Wohlers und Krech: „Das Reichsgesetz über den Unterstützungswohnsitz", 12. Auflage 1910.

I. Die Rechtsquellen.

Nach § 61 des Reichsgesetzes über den Unterstützungswohnsitz werden durch dieses Gesetz Rechte und Verbindlichkeiten nur zwischen den zur Gewährung öffentlicher Unterstützung nach Vorschrift dieses Gesetzes verpflichteten Verbänden begründet, die auf anderen Titeln beruhenden Verpflichtungen, einen Hilfsbedürftigen zu unterstützen, aber nicht betroffen. Freilich wird dieser Grundsatz in § 62 Unterstützungs-Wohnsitz-Gesetz sofort wieder durchbrochen: Dem unterstützenden Armenverbande steht danach ein Ersatzanspruch gegen Dritte zu, die dem Unterstützten gegenüber zu den ihm von dem Armenverbande zuteil gewordenen Leistungen verpflichtet waren. Im übrigen aber hält das Gesetz an dem Grundsatz des § 61 fest und regelt insbesondere nicht das Verhältnis zwischen dem Armenverbande und dem von ihm Unterstützten.

Es blieb daher der Landesgesetzgebung überlassen, betreffs der Ersatzansprüche der Armenverbände gegen die Unterstützten selbst unbeschränkt und betreffs derjenigen gegen Dritte im Rahmen des § 62 U.W.G. nähere Bestimmungen zu treffen, und sie haben, namentlich in ersterer Beziehung, von dieser Befugnis umfassenden Gebrauch gemacht.

Das Bürgerliche Gesetzbuch hat an dem so erwachsenen Rechtszustande nichts Wesentliches geändert. Denn nach Artikel 32 des Einführungsgesetzes zum B.G.B. sind die Reichsgesetze in Kraft geblieben, soweit sich nicht aus dem B.G.B. oder dem Einführungsgesetze etwas anderes ergibt; danach ist § 62 U.W.G. unberührt geblieben.

Aber auch die landesgesetzlichen Vorschriften sind nach Artikel 103 E.G. z. B.G.B. unberührt geblieben, nach welchen der Staat sowie Verbände und Anstalten, die auf Grund des öffentlichen Rechtes zur Gewährung von Unterhalt verpflichtet sind, Ersatz der für den Unterhalt gemachten Aufwendungen von der Person, welcher sie den Unterhalt gewährt haben, sowie von denjenigen verlangen können, welche nach den Vorschriften des B.G.B. unterhaltspflichtig waren. Also nur soweit sind die landesgesetzlichen Vorschriften über den Ersatzanspruch des Armenverbandes gegen Dritte aus der Unterhaltspflicht geändert worden, als der Kreis der Unterhaltspflichtigen selbst durch das B.G.B. geändert worden ist.

Endlich sind nach Artikel 139 E.G. z. B.G.B. die landesgesetzlichen Vorschriften unberührt geblieben, nach welchen dem Fiskus oder einer anderen juristischen Person in Ansehung des Nachlasses einer verpflegten oder unterstützten Person ein Erbrecht, ein Pflichtteilsanspruch oder ein Recht auf bestimmte Sachen zusteht. Da die Armenverbände juristische Personen sind[1], so gilt also auch für sie der Vorbehalt des Artikels 139 zugunsten des Landesrechts.

Nach Artikel 3 E.G. z. B.G.B. bleiben, soweit im B.G.B. oder in diesem Gesetze bestimmt ist, daß landesgesetzliche Vorschriften unberührt bleiben, die bestehenden landesgesetzlichen Vorschriften in Kraft und können neue landesgesetzliche Vorschriften erlassen werden. Danach ist der landesrechtlichen Weiterentwicklung der hier in Frage kommenden Materie freier Spielraum gelassen, und tatsächlich hat sie auch noch nach Inkrafttreten des B.G.B. in einer Reihe von Bundesstaaten eine Regelung erfahren.

Wir haben also bei Untersuchung der Frage, ob und in welchem Umfang den Armenverbänden ein Erstattungsanspruch gegen den Unterstützten und seine Angehörigen zusteht, zunächst das U.W.G., dann die Landesgesetze daraufhin zu prüfen, ob sie diese Frage beantworten, und, soweit sie keine Antwort erteilen, zu sehen, ob eine solche sich aus allgemeinen Rechtsgrundsätzen herleiten läßt.

---

[1] Förster-Eccius, Preußisches Privatrecht, 7. Aufl., Bd. IV, § 283 f.

II. Die Erstattung der Unterstützung durch den Unterstützten.

Wie schon erwähnt, enthält das U.W.G. keinerlei Bestimmung über die Erstattung der Unterstützung durch den Unterstützten selbst. In der das U.W.G. vorberatenden Reichstagskommission war allerdings beantragt worden, durch ausdrückliche Vorschrift die Unterstützung als von dem Unterstützten zu erstattenden Vorschuß zu erklären; dieser Antrag aber wurde abgelehnt, weil die Frage, ob die Unterstützung eine privatrechtliche Obligation erzeuge, dem Zivilrecht angehöre[2].

Die Richtigkeit dieser Behauptung läßt sich mit guten Gründen anzweifeln. Denn die Unterstützung, welche dem Hilfsbedürftigen von dem Armenverbande auf Grund des U.W.G. gewährt wird, hat öffentlichrechtlichen Charakter.

Das Gesetz selbst betont diese ihre öffentlichrechtliche Natur, indem es in dem seinen Inhalt programmatisch zusammenfassenden § 2 sagt:

> Die öffentliche Unterstützung hilfsbedürftiger Deutscher wird, nach näherer Vorschrift dieses Gesetzes, durch Ortsarmenverbände und durch Landarmenverbände geübt.

Ebenso spricht § 53 von der „durch dieses Gesetz geregelten öffentlichen Unterstützung Hilfsbedürftiger" (vgl. auch §§ 1, 5, 8, 14, 27, 30 Abs. 3 und 4, § 37). Sie beruht, im Gegensatz zu der aus Freiwilligkeit oder privatrechtlicher Verpflichtung entstammenden, auf einer öffentlichrechtlichen Pflicht der Armenverbände, wie diese selbst Institute des öffentlichen Rechts sind. Öffentliche Unterstützung im Sinne des U.W.G. ist „diejenige Unterstützung, welche einem Armen durch die dazu legitimierte öffentliche Behörde aus öffentlichen Mitteln .. zur Erfüllung einer öffentlichen Unterstützungspflicht .. gewährt wird," so definiert Eger (Anmerkung 2 A zu § 1)[3].

Gehört die Armenunterstützung also öffentlichem Recht an, so müßte man zunächst annehmen, daß auch die Beziehungen, welche sie erzeugt, dem öffentlichen Recht unterliegen. Denn die Frage: welches Rechtsverhältnis entsteht durch die Unterstützung zwischen dem Armenverband und dem Unter-

---

[2] Stenographische Berichte über die Verhandlungen des Reichstags des Norddeutschen Bundes 1870, Bd. IV, S. 579.

[3] Vgl. Wohlers-Krech Anmerkung 5b und d zu § 14.

stützten? — sie ist doch eigentlich nur eine andere Form der Frage: Welche rechtliche Natur hat die öffentliche Unterstützung[4]?

1. Öffentlichrechtlicher Ersatzanspruch.

Dementsprechend zählt das württembergische Gesetz über die Verwaltungsrechtspflege unter die „Streitigkeiten in Beziehung auf Ansprüche und Verbindlichkeiten aus dem öffentlichen Recht" (Art. 1) in Art. 10 unter 3 diejenigen über die Anwendung der Bestimmungen der Art. 3—6 des Gesetzes vom 17. April 1873, und Art. 3 des letzteren Gesetzes regelt den Ersatzanspruch des Armenverbandes gegen den Unterstützten. Das Gleiche gilt für Baden nach § 4 des Ausführungsgesetzes zum U.W.G. vom 14. März 1872 in Verbindung mit § 5 Abs. 1 des Gesetzes vom 5. Mai 1870 über die öffentliche Armenpflege. Die praktische Bedeutung dieser Unterstellung des Ersatzanspruches unter das öffentliche Recht liegt darin, daß „auf ihn die für solche (öffentlichrechtliche) Ansprüche gegebenen besonderen Vorschriften, dagegen nicht die privatrechtlichen Bestimmungen des B.G.B. — z. B. über Aufrechnung, Verjährung, Mehrheit von Schuldnern — Anwendung finden" (Simonsohn S. 134)[5]. Zuständig in beiden Staaten für Streitigkeiten über diese Ansprüche sind die Verwaltungsgerichte (Art. 10 und 12 des württemb. Gesetzes über die Verwaltungsrechtspflege, § 2 zu 10 des bad. Gesetzes über die Verwaltungsrechtspflege).

Die Gesetze beider Staaten geben materiell den Armenverbänden einen Anspruch gegen den Unterstützten auf Erstattung der gewährten Unterstützung, jedoch mit zwei Einschränkungen: einmal nur, soweit die Unterstützung erst nach vollendetem 18. Lebensjahr zuteil geworden ist; ferner nur, „sobald der Unterstützte in eine Lage gekommen ist, welche ihm die Ersatzleistung, unbeschadet der Sicherstellung seines und der Seinigen Lebensunterhaltes, ermöglicht" (Württemberg A.G. z. U.W.G. § 3 Abs. 2), „wenn er zu hinreichendem Vermögen gelangt" (Baden Gesetz über die öffentliche Armenpflege § 5 Abs. 1). Das württembergische Gesetz bezeichnet dabei die Unterstützung als „Vorschuß, dessen Wiedererstattung die Armenbehörde verlangen kann".

2. Privatrechtlicher Ersatzanspruch.

a) Die Unterstützung als Vorschuß.

Auch eine Reihe anderer Landesgesetze[6] nennt die öffentliche Unterstützung einen Vorschuß, der von dem Unterstützten zurückzuerstatten ist.

---

[4] So auch Wielandt in Heft 9 der Schriften des Deutschen Vereins für Armenpflege und Wohltätigkeit S. 21.

[5] Das trifft freilich wohl nur soweit zu, als das öffentliche Recht Vorschriften über Aufrechnung, Verjährung usw. auch wirklich besitzt. Soweit das nicht der Fall ist, wird man die zivilrechtlichen Bestimmungen analog anzuwenden haben. So galt z. B. bis zu dem die zweijährige Verjährung einführenden § 30a U.W.G. (Gesetz vom 12. März 1894) in Preußen die zivilrechtliche Verjährung von 30 Jahren auch für die Ansprüche der Armenverbände gegeneinander.

[6] Zusammengestellt sind die bis zum Jahre 1900 ergangenen Bestimmungen

2. Privatrechtlicher Ersatzanspruch.

Ohne jede Beschränkung gibt dem Armenverband den Erstattungsanspruch Braunschweig (Städteordnung § 200, Landgemeindeordnung § 142). Die Erstattung des „Vorschusses" ist beschränkt auf diejenigen Unterstützungen, die einem mehr als 18 jährigen Hilfsbedürftigen gewährt sind, in Württemberg und Baden, ferner in Oldenburg (revidierte Gemeindeordnung Art. 73) und Lippe (Städteordnung § 130 Abs. 2). Sie ist an die Voraussetzung geknüpft, daß der Unterstützte [7] zur Erstattung imstande ist, in Oldenburg und Lippe (a. a. O.) und Mecklenburg (Verordnung vom 25. Februar 1896 Art. II)[8]; Sachsen (Armenordnung §§ 65 und 66) und Waldeck (Gesetz vom 11. Mai 1863 § 5) gewähren den Ersatzanspruch nur dann, wenn der Unterstützte durch „äußere zufällige Glücksumstände", „durch Glückszufälle" zu Vermögen gekommen ist, augenscheinlich, um ihm nicht die Arbeitsfreudigkeit durch die Furcht zu lähmen, daß ihm auch das mühsam Erworbene fortgenommen werden könne.

In allen den Fällen, wo die Gesetze die Unterstützung als Vorschuß bezeichnen, wird man ein privatrechtliches Verhältnis zwischen dem Armenverbande und dem Unterstützten anzunehmen haben — natürlich ausgenommen Württemberg und Baden, wo vom Gesetz das Gegenteil bestimmt ist. Unter „Vorschuß" versteht der Sprachgebrauch des gewöhnlichen Lebens entweder eine Leistung vor ihrer von einer Gegenleistung abhängigen Fälligkeit; in diesem Sinne spricht man von Lohn=, Gehaltsvorschuß usw. Oder man versteht unter Vorschuß eine Leistung, die der Empfänger zurückerstatten soll, sobald ein bestimmtes Ereignis ihn dazu in den Stand setzt; so spricht man z. B. von Vorschuß auf eine Erbschaft und meint damit ein **Darlehen**, das der Empfänger zurückzahlen soll, sobald ihm eine Erbschaft später zufällt oder ausgezahlt wird[9]. In diesem Sinne wird in den angeführten Gesetzen die Armenunterstützung ein Vorschuß genannt, sie ist zurückzuzahlen, sobald der Unterstützte dazu imstande ist. Gewiß hat Simonsohn (S. 163) damit Recht, der Ausdruck „Vorschuß" dürfe nicht zu der Annahme verleiten, daß hier ein Darlehnsvertrag vorliege; aber das Rechtsverhältnis ist von dem Gesetzgeber durch die von ihm gewählte Charakterisierung als Vorschuß darlehnartig gestaltet, die Rückzahlungspflicht des Unterstützten derjenigen des Darlehnsempfängers rechtlich gleichgestellt. Klarer spricht

---

bei Olshausen 249/250, 290/291, die bis 1907 ergangenen bei Krech Anhang F, Verhältnis der Armenverbände zu dem Unterstützten und zu anderweit Verpflichteten, S. 352 ff. — bei beiden nicht ganz vollständig (vgl. S. 6 Anm. 11 und 12).

[7] Zum Teil mit dem Zusatz: „nach billigem Ermessen".

[8] „Alle Unterstützungen sind nur Vorschüsse, welche zu erstatten sind von dem Unterstützten, wenn er dazu imstande ist." Olshausen und Krech führen, und zwar ersterer allein, letzterer neben dieser Bestimmung, die mecklenburgische Ausführungsverordnung zum U.W.G. § 5 an, wonach die einem Kinde unter 14 Jahren gewährte Unterstützung von ihm nicht zu erstatten ist. Ob aber diese aus dem Jahre 1871 stammende Vorschrift nicht durch die neuere, nach der alle Unterstützungen zu erstatten sind, aufgehoben ist?

[9] Olshausen S. 246 Anm.: „Vorschuß in der hier allein in Betracht kommenden Beziehung ist ein Geldbetrag, der mit Rücksicht auf eine entweder bestehende, aber noch nicht fällige, oder auf eine zwar noch nicht bestehende, aber voraussichtlich zur Entstehung kommende Forderung eines Gläubigers diesem ausgezahlt wird."

diesen Gedanken die Armenpflegeordnung von Schwarzburg-Sondershausen (§ 12 Abs. 2) mit den Worten aus:

> Die gewährten Unterstützungen werden stets nur als Darlehen gegeben.

Ein Teil der angeführten Gesetze erkennt die privatrechtliche Natur des Erstattungsanspruches dadurch an, daß sie ausdrücklich den ordentlichen Rechtsweg für Streitigkeiten über diesen Anspruch geben. Aber auch wo in ihnen die Zuständigkeit des ordentlichen Gerichts nicht ausdrücklich festgesetzt ist, folgt sie und die Anwendung privatrechtlicher Bestimmungen — über Verjährung, Aufrechnung usw. — aus der Charakterisierung der Unterstützung als Vorschuß. Und selbst wo der ordentliche Rechtsweg durch Anordnung eines andern Verfahrens ausgeschlossen ist [10], hat man aus dieser Charakterisierung auf die Anwendbarkeit des Zivilrechts auf den Erstattungsanspruch zu schließen. Denn die Zuständigkeit von Verwaltungsbehörden und Verwaltungsgerichten kann nach § 13 des Gerichtsverfassungsgesetzes auch für bürgerliche Rechtsstreitigkeiten begründet werden, ändert also an dem materiellen Charakter des streitigen Anspruchs nichts.

b) Anspruch in Anlehnung an E.G. z. B.G.B. Art. 103.

Eine Reihe von Landesgesetzen bestimmen in Ausführung des Bürgerlichen Gesetzbuchs und wörtlicher Anlehnung an Art. 103 des E.G. z. B.G.B.:

> Der Staat, sowie Verbände und Anstalten, die auf Grund des öffentlichen Rechts zur Gewährung von Unterhalt verpflichtet sind, können Ersatz der für den Unterhalt gemachten Aufwendungen von der Person, welcher sie den Unterhalt gewährt haben, verlangen,

(Sachsen-Weimar § 199, Sachsen-Altenburg § 103, Sachsen-Coburg-Gotha Art. 46, Schwarzburg-Rudolstadt Art. 55, Schwarzburg-Sondershausen Art. 163, Reuß ä. L. § 124, j. L. § 97, Schaumburg-Lippe § 39 A.G. z. B.G.B.[11]). Lübeck (A.G. z. B.G.B. § 59), Anhalt (Ges. v. 27. April 1904 Art. 5) und neuerdings Elsaß-Lothringen (A.G. z. U.W.G. § 39) lassen den Erstattungsanspruch nur zu, wenn und soweit der Unterstützte unter Berücksichtigung seiner sonstigen Verpflichtungen ohne Gefährdung seines standesmäßigen Unterhaltes zur Erstattung imstande ist; in Hessen (A.G. Art. 72), sofern der Kreisausschuß der Geltendmachung des Anspruchs zustimmt oder sie selbst beschließt, wobei er in Betracht zu ziehen hat, ob der Unterstützte ohne wesentliche Gefährdung seiner wirtschaftlichen Lage zur Wiedererstattung imstande ist [12].

In Bremen (Gesetz betr. Erstattung von Armenunterstützungen vom 18. Juli 1899) ist der Unterstützte zur Erstattung verpflichtet, sobald er dazu nach Bestreitung des notdürftigen Unterhalts imstande ist; in

---

[10] Wie z. B. durch das sachsen-meiningensche Gesetz betr. das Verwaltungsverfahren Art. 10 Nr. 3.

[11] Diese landesgesetzlichen Bestimmungen fehlen in Olshausens im Jahre 1900 erschienenen Zusammenstellung.

[12] Bei Krech fehlen die lübeckische und die hessische Bestimmung.

2. Privatrechtlicher Ersatzanspruch.

Hamburg (Gesetz betr. das Armenwesen vom 11. September 1907) darf der Erstattungsanspruch erst geltend gemacht werden, wenn der Erstattungspflichtige ohne Beeinträchtigung des für sich und die Seinen erforderlichen Unterhalts zur Erstattung imstande ist. Man darf wohl annehmen, daß die Ausdrücke „notdürftig" und „erforderlich" dieselbe Bedeutung haben, und daß sie im Gegensatz zum „standesmäßigen" Unterhalt nur das zum Leben unbedingt Nötige bezeichnen wollen; das hamburgische Gesetz allerdings mildert diese Auffassung durch den Zusatz „nach billigem Ermessen" und verbannt damit die wörtlich strengste Auslegung.

Auch für die durch die eben genannten Gesetze begründeten Erstattungsansprüche dürfen wir den privatrechtlichen Charakter mit seinen sachlichen und formalen, die Zulässigkeit des Rechtsweges bestimmenden[13], Folgen annehmen. Zwar daß sie sich, zum Teil ganz enge im Wortlaut, an Art. 103 des A.G. z. B.G.B. anschließen, zum andern Teil wenigstens zeitlich ihm folgen und dem dort zugunsten der Landesgesetzgebung geschaffenen Vorbehalt ihre Entstehung verdanken, kann nicht den Ausschlag für die Annahme ihres privatrechtlichen Charakters geben. An sich liegt der Schluß nahe: Da nach Art. 55 a. a. O. die privatrechtlichen Vorschriften der Landesgesetze außer Kraft treten, soweit nicht im B.G.B. oder im E.G. dazu ein anderes bestimmt ist, und da das öffentliche Recht im allgemeinen durch das B.G.B. überhaupt nicht berührt wird, so sind die im E.G. Art. 103 erwähnten Ansprüche als im Sinne dieses Gesetzes privatrechtliche anzusehen; denn als öffentlichrechtliche hätten sie nicht des besonderen Vorbehalts zugunsten ihres Bestehenbleibens bedurft, während sie als privatrechtliche ohne den Vorbehalt des Art. 103 außer Kraft getreten wären.

Diese Beweisführung hält aber der Entstehungsgeschichte des Art. 103 gegenüber nicht stand. Ursprünglich war man im Gegenteil der Ansicht gewesen, daß die Vorschriften der Landesgesetze über die Unterhaltspflicht der Armenverbände und über deren Verhältnis zu der privatrechtlichen Unterhaltspflicht der Verwandten, insbesondere auch der etwaige Ersatzanspruch der ersteren gegen die letzteren, als dem öffentlichen Recht angehörend, durch das B.G.B. nicht berührt werden. Bei den Beratungen der zweiten Kommission wurde in Zweifel gezogen, ob nicht wenigstens bei der Konstruktion, von welcher einige Landesgesetze in betreff des Verbänden, die Unterhalt gewährt haben, eingeräumten Ersatzanspruchs ausgehen, für diese Landesgesetze die Annahme gerechtfertigt werden könne, daß es sich um privatrechtliche Ansprüche handle. Um diesen Zweifel unschädlich zu machen, wurde der Vorbehalt des Art. 103 beschlossen[14]. Also gerade weil man die Natur der Ersatzansprüche als nicht entschieden ansah und nicht entscheiden wollte, schuf man Art. 103, und diese Gesetzesbestimmung enthält nichts, was einen Schluß auf den privatrechtlichen Charakter jener Ansprüche gestattete.

---

[13] Natürlich soweit nicht durch ausdrückliche Bestimmung der ordentliche Rechtsweg ausgeschlossen ist.
[14] Motive Bd. IV S. 676; Planck, B.G.B. Bd. VI zu Art. 103 E.G. Man ging also ursprünglich von der gerade entgegengesetzten Ansicht aus, wie die Reichstagskommission bei Beratung des U.W.G. (s. o. S. 3 bei Anm. 2).

II. Die Erstattung der Unterstützung durch den Unterstützten.

Wohl aber sprechen eine Reihe anderer Momente für ihn. Zunächst der Umstand, daß ein **öffentlichrechtlicher** Erstattungsanspruch logischerweise in das die **öffentliche** Armenunterstützung regelnde U.W.G. hineingehört hätte, und daß der Gesetzgeber ebendarum, weil er den Erstattungsanspruch dem Privatrecht zurechnen und überlassen wollte, ihn in das U.W.G. aufzunehmen unterließ. Mag nun auch diese An- und Absicht nicht ausreichen, um die Frage der Rechtsnatur des Erstattungsanspruchs zu entscheiden, da sie im Gesetze selbst keinen unwiderleglichen Ausdruck gefunden hat — sonst würden ja auch diejenigen Landesgesetze gegen das Reichsrecht verstoßen, die den Anspruch für öffentlichrechtlich erklären —, immerhin läßt sie sich für die Vermutung verwerten, daß da, wo nicht das Gegenteil feststeht, der Anspruch dem Privatrecht gehört. Dazu kommt, daß die Mehrzahl der Landesgesetze diese Zugehörigkeit zum Privatrecht klar ausspricht oder doch deutlich ergibt, indem sie das ordentliche Gericht als zuständig für Streitigkeiten über den Erstattungsanspruch erklärt oder der Unterstützung die Natur eines privatrechtlichen Begriffes, des Vorschusses (Darlehens) gibt.

Schließlich fällt auch in die Wagschale, daß die auf Grund des Art. 103 E.G. z. B.G.B. erlassenen landesrechtlichen Vorschriften in demselben Satz, der den Ersatzanspruch gegen den Unterstützten festsetzt — Lübeck in dem vorhergehenden Artikel —, der zweifellos auf Privatrecht begründeten Anspruch gegen die Unterhaltspflichtigen behandelt; und es ist kaum anzunehmen, daß zwei so verschiedenartig, auf öffentlichem und auf privatem Recht begründete Ansprüche in einem und demselben Satze materiell geregelt sein sollten.

Es läßt sich auch nicht leugnen, daß dem Anspruch erhebliche privatrechtliche Momente innewohnen: Das Interesse der Allgemeinheit, der publizistische Gesichtspunkt tritt jedenfalls bei der Erstattungsfrage zurück gegenüber dem vermögensrechtlichen Interesse des Armenverbandes, seine Aufwendungen wieder einzubringen[15] — im Gegensatz zu seiner Unterstützungspflicht, die ihm als öffentliche, im Interesse der öffentlichen Ordnung, des Gemeinwohls und der Staatssicherheit, der Menschlichkeit und der Politik obliegt. Damit steht nicht in Widerspruch, daß der gegebene Ort, die Frage der Erstattungspflicht zu regeln, das U.W.G. gewesen wäre (oben S. 3); es wäre Sache des **öffentlichen** Rechts, zu bestimmen, welche Beziehungen durch die öffentliche Unterstützung zwischen dem Unterstützenden und dem Unterstützten entstehen, aber es stände nichts im Wege, diese Beziehungen, eben durch **öffentliches** Recht, dem Privatrecht zuzuweisen, wie ja aus § 62 U.W.G., also kraft öffentlichen Rechtes, der **privatrechtliche** Anspruch des Unterstützten gegen unterhaltspflichtige Dritte auf den Armenverband in gleicher Art, also als privatrechtlich, auf den Armenverband übergeht.

Tatsächlich ist man auch in Rechtsprechung und Literatur wohl niemals darüber in Zweifel gewesen, daß der Ersatzanspruch des Armenverbandes, wo nicht durch klare Gesetzesvorschrift das Gegenteil ausgesprochen ist, dem Privatrecht zuzuweisen und im ordentlichen Rechtswege zu entscheiden ist.

---

[15] Hierauf legt Simonsohn S. 133 das Hauptgewicht. Vgl. Schäfer S. 279.

c) Preußisches Recht.

In einer letzten Gruppe der landesgesetzlichen Bestimmungen über den Ersatzanspruch der Armenverbände gegen den Unterstützten fehlt es nach der herrschenden Ansicht an einer **materiellen** Regelung, aber es ist die Zuständigkeit des ordentlichen Gerichts, also die **privatrechtliche Natur des etwaigen Anspruchs** ausgesprochen. Sie wird jetzt nur noch von Preußen gebildet, nachdem zahlreiche andere Bundesstaaten ihre dem § 68 Satz 1 des preußischen A.G. z. U.W.G. gleichlautende Bestimmung durch eine unzweifelhaft materielle, den Anspruch selbst begründende Gesetzesvorschrift ergänzt haben (so Braunschweig, Sachsen-Coburg-Gotha, Anhalt u. a. m.).

§ 68 Satz 1 des pr. A.G. z. U.W.G. lautet:

Die Erstattung bereits verausgabter Unterstützungskosten kann ein Armenverband in allen Fällen, soweit nicht die §§ 40 ff., betreffend das Verfahren in Streitsachen der Armenverbände, zur Anwendung kommen, nur im gerichtlichen Verfahren beanspruchen.

Das Gesetz scheidet also in dieser Bestimmung zwei Fälle aus: erstens den des Streites von Armenverbänden untereinander, für den §§ 40 ff. das Verfahren ordnen, — zweitens den der Forderung nicht bereits verausgabter, sondern **laufender** Unterstützungen, der in den §§ 65—67 geregelt ist. Einen **materiellrechtlichen** Inhalt hat § 68 Satz 1 nicht, da er nichts darüber sagt, von wem und unter welchen Voraussetzungen der Armenverband Erstattung beanspruchen kann; „er trifft keine Bestimmung über die Existenz von Erstattungsansprüchen, sondern nur über das Verfahren, in welchem etwa vorhandene Ersatzansprüche geltend zu machen sind" (Schäfer S. 103), „er spricht nur aus, daß, wenn ein Anspruch gegen den Unterstützten auf Rückzahlung besteht, dieser Anspruch nur im gerichtlichen Verfahren geltend gemacht werden kann" (Urteil des Oberlandesgerichts Marienwerder vom 18. Mai 1908 in der Jurist. Monatsschrift für Posen, West- und Ostpreußen und Pommern 1908 S. 74/75).

Die Regierungsvorlage des A.G. z. U.W.G. enthielt noch einen zweiten Absatz:

Gegen den unterstützten Hilfsbedürftigen selbst und dessen alimentationspflichtige Verwandte steht den Armenverbänden wegen bereits verausgabter Unterstützungen ein Anspruch nur insoweit zu, als dieselben schon zur Zeit der Gewährung der Unterstützung dazu vermögend waren.

Dieser Absatz wurde bei Beratung des Gesetzes abgelehnt, weil man den als **unstreitig** angesehenen Ersatzanspruch des Armenverbandes gegen den Unterstützten (und seine alimentationspflichtigen Verwandten) nicht einschränken wollte[16]. Dasselbe Schicksal widerfuhr einem weiteren Absatz des Entwurfs, und so erhielt der endgültige § 68 nur den einen, oben angeführten Satz.

---

[16] Vgl. die Ministerialinstruktion vom 10. April 1871 zum preußischen Gesetze vom 8. März 1871 betr. die Ausführung des Reichsgesetzes über den U.W. (abgedruckt bei Eger S. 475 ff.) zu §§ 65—68.

II. Die Erstattung der Unterstützung durch den Unterstützten.

Diesen Zustand änderte das preußische Gesetz vom 11. Juli 1891, betreffend Abänderung der §§ 31, 65 und 68 des Gesetzes zur Ausführung des Bundesgesetzes über den U.W.[17]. Es überträgt in Artikel I die Fürsorge für hilfsbedürftige Geisteskranke, Idioten, Epileptische, Taubstumme und Blinde, soweit sie der Anstaltspflege bedürfen, den Landarmenverbänden (§ 31 A.G.), legt den Kreisen eine Beihilfe zu denjenigen Kosten der Anstaltspflege auf, die die Ortsarmenverbände den Landarmenverbänden zu erstatten haben (§ 31 a), gestattet aber den Kreisen und Ortsarmenverbänden, die in § 31 bezeichneten Zweige der Armenpflege selbst zu behalten oder zu übernehmen (§ 31 d) und, ebenso wie den aus mehreren Gemeinden und Gutsbezirken zusammengesetzten Gutsbezirken, auch die Fürsorge für Sieche unmittelbar auszuüben (§ 31 e). Art. III — im Entwurf Art. V — bestimmt:

Der § 68 des Gesetzes vom 8. März 1871 erhält folgenden Zusatz:

Der Erstattungsanspruch im gerichtlichen Verfahren steht in den Fällen der §§ 31, 31 a, d und e auch den Kreisen und den anderen daselbst bezeichneten Kommunalverbänden zu. Die Klage ist gegen den Unterstützten und gegen seine alimentationspflichtigen Angehörigen zulässig.

Über die Tragweite dieses Zusatzes nun besteht Streit. Nach der zuerst von Schäfer S. 101 ff. eingehend und geschickt begründeten Ansicht ist unter „Klage" im letzten Satze des Art. III nicht nur der prozessuale Rechtsweg, sondern der materielle Anspruch zu verstehen und bezieht sich der Satz: „Die Klage ist gegen den Unterstützten und gegen seine alimentationspflichtigen Angehörigen zulässig" auf den ganzen § 68, also auf alle Erstattungsansprüche gegen den Unterstützten und seine alimentationspflichtigen Angehörigen, nicht bloß auf diejenige der Kreise und der ihnen gleichgestellten Kommunalverbände.

Schäfer stützt seine Ansicht vor allem auf die Kommissionsverhandlungen. Nach diesen wurde unbestritten beabsichtigt, „den Kreisen das gleiche Recht auf Heranziehung der Angehörigen zur laufenden Unterstützung des Hilfsbedürftigen zu verleihen, welches die Armenverbände besäßen. Es sei ein dringendes Postulat der Billigkeit, die Kreise, da sie nicht zu Armenverbänden erklärt werden könnten, wenigstens in jener Beziehung den Armenverbänden gleichzustellen. Dasselbe Ziel verfolge Art. V[18] bezüglich der Erstattung bereits verausgabter Unterstützungen". Daher beschloß die Kommission, nachdem darauf hingewiesen war, daß es zweifelhaft sei, ob nicht schon auf Grund der nützlichen Verwendung die Erstattung bereits verauslagter Armenpflegekosten verlangt werden könne, „zur Sicherheit den Kreisen usw. diesen Ersatzanspruch ausdrücklich zu gewährleisten", und sie nahm in dieser Absicht den Art. V einstimmig an.

Hieraus geht zum mindesten hervor, daß der Gesetzgeber den Trägern der außerordentlichen Armenlast den materiellen Anspruch auf Er-

---

[17] Gewöhnlich wird das Gesetz vom 11. Juli 1891 kurzweg „Gesetz über die außerordentliche Armenpflege" genannt.
[18] des Entwurfs, im endgültigen Gesetze Art. III.

2. Privatrechtlicher Ersatzanspruch.

stattung, nicht bloß den Zivilrechtsweg sichern, und daß er mit der „Klage" eben diesen Anspruch selbst bezeichnen wollte.

Ferner weist Schäfer darauf hin, daß Art. III die durch ihn eingeführte Bestimmung ausdrücklich als Zusatz zu § 68, nicht als Absatz bezeichnet, und folgert hieraus, daß der ganze § 68 in seinem jetzigen Umfang als eine zusammenhängende Bestimmung zu verstehen sei, durch die „nicht eine singuläre Bestimmung für die Kreise getroffen, vielmehr einheitliches Recht für alle als Träger der Armenlasten fungierenden Verbände geschaffen werden" sollte (a. a. O. S. 107)[19].

Man wird einräumen müssen, daß Schäfers Beweisführung vieles für sich hat, namentlich da der Gesetzgeber selbst bei Erlaß sowohl des ursprünglichen § 68, wie auch seines späteren Zusatzes der Ansicht war, daß jeder Armenverband einen Erstattungsanspruch gegen den Unterstützten habe, und daß den Trägern der außerordentlichen Armenlast nur ein Recht gesichert werden sollte, das dem der ordentlichen Armenlast unzweifelhaft zustände. Aus § 68 Abs. 2 eine „Bevorzugung" der Kreise usw. herleiten zu wollen, „weil nur die außerordentlichen Armenpflegeorgane in Betracht kommen sollten", wie es in dem S. 9 angeführten Urteil des Oberlandesgerichts Marienwerder geschieht, widerspricht der klar ausgesprochenen Absicht des Gesetzgebers, der nur ihre „Schlechterstellung" verhindern wollte.

Hiergegen wird eingewendet, daß das Gesetz vom 11. Juli 1891 weder in seinem Wortlaut noch in den Verhandlungen einen sicheren Anhalt dafür bietet, daß das Recht der ordentlichen Armenpflegeorgane von seinen Bestimmungen berührt werden sollte, und die Annahme, daß diese Armenverbände einen materiellen Ersatzanspruch besäßen, hat keinen klaren gesetzlichen Ausdruck gefunden[20].

Simonsohn (S. 138) geht so weit, dem Zusatz des Art. III jede materiellrechtliche Bedeutung abzustreiten[21]; er enthalte nichts weiteres als eine Ausdehnung des ursprünglichen § 68 auf die Kreise und anderen dort bezeichneten Kommunalverbände und sein letzter Satz: „Die Klage ist gegen den Unterstützten und gegen seine alimentationspflichtigen Angehörigen zu-

---

[19] So auch Olshausen S. 279 und nach Greve (S. 12) im gleichen Sinne ein Urteil des Oberlandesgerichts Frankfurt a. M. Eger druckt, obwohl er in Anm. 192 II A 4 (S. 418) die Ansicht Schäfers billigt, doch infonsequenterweise (S. 472) den § 68 pr. A.G. z. U.W.G. in zwei Absätzen, während bei Krech (S. 355), der der gleichen Ansicht ist, § 68 folgerichtig nur einen zusammenhängenden Abschnitt bildet. Auch das Bundesamt f. d. Heimatwesen (Heft 36 S. 44) nimmt den Erstattungsanspruch des Armenverbandes als durch § 68 A.G. z. U.W.G. begründet an.

[20] Greve S. 13: „Die entsprechende Ausdehnung eines für die Kreise, also für ... nur mittelbar wirkende Armenpflegeorgane angeblich gewährten besonderen Anspruches auf die unmittelbar wirkenden Armenpflegeorgane ... (ist) durch nichts gerechtfertigt, denn man kann doch unmöglich den Gesetzgebern unterschieben, sie hätten über der Nebensache die Hauptsache vergessen."

[21] Ebenso Jebens S. 837; Urteil des Oberlandesgerichts Cöln vom 18. Oktober 1905 (Preuß. Verwaltungsblatt S. 145); Greve S. 14. Selbstverständlich stehen auf diesem Standpunkt, ohne es ausdrücklich auszusprechen, auch alle diejenigen, die eine Erstattungspflicht des Unterstützten nach preußischem Recht überhaupt, wenn auch aus andern Gesichtspunkten, bestreiten.

lässig" sei zu ergänzen: „sofern das materielle Recht den Erstattungsanspruch gewährt".

Dieser Ansicht kann nicht unbedingt zugestimmt werden. Nicht nur, daß Art. III den unzweifelhaften Zweck hatte, den Kreisen und Kommunalverbänden „den Erstattungsanspruch ausdrücklich zu gewährleisten": sein zweiter Satz („die Klage ist zulässig") wäre bei Simonsohns Annahme vollständig sinnlos. Wenn der erste Satz („der Erstattungsanspruch im gerichtlichen Verfahren steht . . den Kreisen . . zu") nur die Bedeutung haben soll: sofern überhaupt ein solcher Anspruch besteht, so ist er auf gerichtlichem Wege zu verfolgen, — wozu dann der Zusatz, daß die Klage gegen den Unterstützten und seine Angehörigen zulässig, wenn auch er zu ergänzen ist: sofern ein Anspruch überhaupt besteht? Wenn beide Sätze nebeneinander einen Sinn haben sollen, so können sie nur so ausgelegt werden: der Anspruch des Kreises ist im gerichtlichen Verfahren zu verfolgen, und er ist begründet gegen den Unterstützten und seine alimentationspflichtigen Angehörigen. Zum mindesten also haben nach § 65 A.G. z. U.W.G. die Träger der außerordentlichen Armenlast einen Erstattungsanspruch gegen den Unterstützten[22].

Aber auch der Wortlaut des Gesetzes widerlegt die Anschauung, daß der Zusatz nur formale, prozessuale Bedeutung habe. Das Gesetz sagt klar und deutlich: der Anspruch steht den Kreisen zu, sie haben ihn. „Jemandem steht ein Anspruch zu" kann unmöglich so verstanden werden: „er kann den Anspruch verfolgen, ob aber der Anspruch rechtlich begründet ist, wird sich dann erst zeigen", würde bei der Rechtsverfolgung der Anspruch als rechtlich unbegründet erklärt werden, so stände er ja dem Kläger nicht zu, der Satz: „ihm steht der Anspruch zu", wäre also ad absurdum geführt. Die unseres Erachtens einzig zulässige Auslegung der Gesetzesworte wird auch der unzweideutig ausgesprochenen Absicht des Gesetzgebers gerecht, „den Kreisen den Erstattungsanspruch zu gewährleisten". Und so hat auch die Fortsetzung: „die Klage ist gegen den Unterstützten und seine alimentationspflichtigen Angehörigen zulässig" ihren guten Sinn: sie bezeichnet diejenigen, gegen die der Erstattungsanspruch zusteht, den der vorangegangene Satz feststellt[22a].

---

[22] Die Entscheidung des Oberlandesgerichts Posen vom 6. Mai 1908 (Jurist. Monatsschrift für Posen, West- und Ostpreußen und Pommern 1908 S. 74/75) spricht sich nur für den Anspruch dieser Armenpflegeorgane aus; sie steht nicht, wie der Herausgeber der Zeitschrift (S. 76) meint, mit der unmittelbar dahinter veröffentlichten Entscheidung des Oberlandesgerichts Marienwerder vom 18. Mai 1908 in Gegensatz, da letztere es „dahinstehen" läßt, „ob die Novelle in Abs. 2 § 68 einen besonderen ... Ersatzanspruch hat einführen wollen", wenn dieses der Fall, so jedenfalls nur für die Kreisverbände usw. und nur hinsichtlich ihrer Anstaltstätigkeit für Geisteskranke usw. — Brinkmann (Schriften des Vereins f. A. u. W. Heft 45 S. 44) sieht es als zweifelhaft an, ob mit dem Zusatz zu § 68 die Klagbarkeit für die Erstattungsansprüche wegen aller auf Grund des U.W.G. gemachten Aufwendungen oder nur wegen der besonderen Aufwendungen für die Anstaltspflege der hilfsbedürftigen Geisteskranken hat konstituiert werden sollen; für diese besonderen Aufwendungen nimmt er also augenscheinlich einen solchen Anspruch an.

[22a] Nach Abschluß dieser Arbeit wird dem Verfasser Mitteilung von einem Urteil des Oberlandesgerichts Cöln vom 17. Februar 1910, das zu dem gleichen Schluß kommt; vgl. Anhang unter „Cöln".

2. Privatrechtlicher Ersatzanspruch.

Damit ergibt sich für Schäfers Ansicht ein von ihm selbst nicht verwendetes Argument. Das Gesetz sagt: „Der Erstattungsanspruch steht auch den Kreisen usw. zu", also steht der Anspruch neben den Kreisen noch anderen zu. Als diese anderen aber können nur die Armenverbände in Betracht kommen, die unmittelbar vorher, in dem ursprünglichen § 68, erwähnt sind. Daraus ergibt sich: selbst wenn die Armenverbände bis zu der Novelle, die den Zusatz zu § 68 brachte, nicht oder nicht unbedingt einen materiellen Anspruch gegen den Unterstützten hatten, so sind sie durch die Novelle den Kreisen gleichgestellt worden, haben also den Anspruch erhalten; hierfür liegt nicht eine bloße, im Gesetzestext nicht ausgedrückte Ansicht des Gesetzgebers, sondern der Text selbst vor, dessen „auch" andernfalls sinnlos und falsch wäre.

Freilich läßt sich hiergegen wieder einwenden, daß es nicht die Absicht des Gesetzgebers war, durch ein einziges kleines Wort das alte Recht abzuändern. Aber jedenfalls läßt sich nicht bestreiten, daß die hier vertretene Auslegung dem Wortlaut des Gesetzes durchaus gerecht wird und im Resultat der Absicht des Gesetzgebers entspricht. So hat auch das Bundesamt für das Heimatwesen erst neuerdings im Jahre 1904 (Entscheidungen Heft 36 S. 44) ohne weitere Beweisführung aus § 68 gefolgert, daß die Auffassung irrig ist, „daß der Armenverband einen Erstattungsanspruch gegen den Unterstützten nur dann erheben könne, wenn dieser sich zu einer Erstattung verpflichtet hat"; d. h. der Anspruch besteht kraft Gesetzes.

Schäfer (S. 106) weist darauf hin, daß es „zu unhaltbaren Konsequenzen" führe, wenn man den Armenverbänden ein Recht versage, das den Kreisen gesetzlich zustehe. Das ist sicherlich richtig, würde für sich allein aber mehr de lege ferenda beweisen, daß die Frage des Erstattungsanspruchs einheitlich geregelt werden müsse, als de lege lata, daß sie einheitlich geregelt sei. Simonsohn (S. 139) folgert umgekehrt daraus, daß die fragliche Vorschrift überhaupt, auch für die Kreise, keine materiellrechtliche Bedeutung habe.

Immerhin ist es schwer, zu einem wirklich unzweifelhaften Ergebnis über die Bedeutung des § 68 A.G. z. U.W.G. in seiner heutigen Form zu gelangen. Diese Schwierigkeit ist dadurch gegeben, daß der Gesetzgeber von einer Voraussetzung ausging, deren unbedingte Richtigkeit nicht anerkannt oder zum mindesten nicht erwiesen ist — nämlich von der, daß die Armenverbände aus allgemeinen Rechtsgrundsätzen einen Erstattungsanspruch haben —, daß er dieser Annahme aber keinen unzweideutigen gesetzgeberischen Ausdruck verlieh.

Eger (zu § 61 U.W.G. Anmerkung 192 II A 4, S. 418) sucht noch auf andere Weise den Anspruch des Armenverbandes gegen den Unterstützten aus dem preußischen Recht, wenigstens für das ehemalige Gebiet des Allgemeinen Landrechts, herzuleiten. A.L.R. Teil I Titel 13 § 262 bestimmte:

> Derjenige, aus dessen Vermögen etwas in den Nutzen eines anderen verwendet worden, ist dasselbe entweder in Natur zurück- oder für den Wert Vergütung zu fordern berechtigt.

II. Die Erstattung der Unterstützung durch den Unterstützten.

Aus dieser Vorschrift hatte die Rechtsprechung den Anspruch des Armenverbandes auf Ersatz der gewährten Unterstützung durch den Unterstützten hergeleitet. Eger rechnet nun die landrechtlichen Vorschriften über die nützliche Verwendung zu denjenigen landesgesetzlichen Vorschriften, nach denen die Armenverbände Ersatz der öffentlichen Unterstützung von dem Unterstützten fordern können, und die nach Art. 103 E.G. z. B.G.B. in Kraft geblieben sind (vgl. oben S. 2). Dem aber kann nicht zugestimmt werden. Denn die Annahme Egers verstößt zunächst gegen Art. 89 preuß. A.G. z. B.G.B.:

Die nachstehenden Vorschriften werden ... aufgehoben:
1. folgende Vorschriften des Allgemeinen Landrechts, soweit sie sich nicht auf öffentliches Recht beziehen:
. . . .
    b) der erste Teil . . . .

Daß nun die Vorschriften des Landrechts über die nützliche Verwendung sich nicht auf öffentliches Recht beziehen, sondern privatrechtlicher Natur, rein vermögensrechtlichen Inhalts sind, darüber kann nicht der geringste Zweifel herrschen. Eger freilich meint, die Vorschriften „über nützliche Verwendung bei Erstattungsansprüchen aus armenrechtlichen, d. h. aus öffentlichrechtlichem Grunde herrührenden Verpflichtungen" bezögen sich auf öffentliches Recht und seien daher nach Art. 89 pr. A.G. z. B.G.B. aufrechterhalten. Ja, wenn das Allgemeine Landrecht nur Vorschriften über nützliche Verwendung bei Erstattungsansprüchen aus armenrechtlichen Gründen hätte! In Wirklichkeit enthielt es nur Vorschriften über nützliche Verwendung überhaupt, und diese Vorschriften, die von der Rechtsprechung auf den Erstattungsanspruch des Armenverbandes gegen den Unterstützten angewandt wurden, waren und blieben privatrechtlicher Natur; man wandte sie auf jenes Rechtsverhältnis an, weil man es als ein privatrechtliches ansah. Und so wenig die nützliche Verwendung dadurch, daß man sie auf eine Seite des Rechtsverhältnisses zwischen dem Armenverbande und dem Unterstützten anwandte, ein Begriff des öffentlichen Rechts wurde, so wenig gehören sie im Sinne des E.G. z. B.G.B. Art. 103 zu den Vorschriften, „nach welchen" der Armenverband Ersatz verlangen kann; darunter sind nur Vorschriften zu verstehen, die den Ersatzanspruch positiv vorschreiben, nicht solche, aus denen erst der mehr oder minder bestreitbare — und von so hervorragenden Kennern des preußischen Rechts wie Förster-Eccius (Preußisches Privatrecht Bd. II § 148 Anm. 22) bestrittene — Schluß gezogen wurde, daß sie auf den Armenverband anzuwenden seien[23].

Der Versuch, den Ersatzanspruch des Armenverbandes gegen den Unterstützten auch heute noch auf die landrechtliche nützliche Verwendung zu stützen, muß daher als gescheitert angesehen werden.

---

[23] So auch Jebens S. 388; Niedner, Anm. 2 zu E.G. z. B.G.B. Art. 103; Urteil des Oberlandesgerichts Königsberg vom 8. Februar 1908 (Jurist. Monatsschrift für Posen usw. XI S. 27), des Oberlandesgerichts Marienwerder vom 18. Mai 1908 (ebenda S. 75).

2. Privatrechtlicher Ersatzanspruch.

Dagegen ist die Erstattungsforderung der Armenanstalten gegen Personen, welche in die Anstalt zur unentgeltlichen Verpflegung bis zu ihrem Tode aufgenommen worden sind, die Anstalt aber freiwillig verlassen haben (A.L.R. II 19 § 55), bestehen geblieben. Näheres über diese Bestimmung vgl. Seite 30.

Für das Gebiet des ehemaligen rheinischen Rechts bestand und ist in Kraft geblieben ein Anspruch der öffentlichen Pflegeanstalten gegen die Pfleglinge auf Ersatz aus den Einkünften ihres Vermögens während ihres Aufenthaltes in der Anstalt (Gesetz vom 15. Pluviose XIII [24]).

Endlich wäre es denkbar, den Ersatzanspruch des Armenverbandes gegen den Unterstützten auf Landesgewohnheitsrecht zurückzuführen. Denn nach E.G. z. B.G.B. Art. 2 ist Gesetz im Sinne des B.G.B. und dieses Gesetzes jede Rechtsnorm, also auch das Gewohnheitsrecht. Daher würde nach Art. 103 ein solcher durch Landesgewohnheitsrecht gegebener Anspruch in Kraft geblieben sein und könnte sich sogar nach Inkrafttreten des B.G.B. nach E.G. z. B.G.B. Art. 3 neu bilden [25].

Daß sich seit dem 1. Januar 1900 schon ein neues Gewohnheitsrecht gebildet haben sollte, ist bei der Kürze der Zeit ausgeschlossen, zumal gerade seit dieser Zeit die Frage, ob dem Armenverbande ein Erstattungsanspruch gegen den Unterstützten zusteht, besonders lebhaft bestritten wird. Aber auch ein früher entstandener gewohnheitsrechtlicher Anspruch des Armenverbandes ist nicht anzunehmen. Das preußische A.L.R. gestattete die Bildung neuen Gewohnheitsrechts nicht und wollte vorhandenes Gewohnheitsrecht nur soweit erhalten, als es in besonderen Provinzialrechten kodifiziert wurde. Da aber mit Ausnahme der beiden Provinzen Preußen die Provinzialrechte nicht kodifiziert sind, so blieb dasjenige Gewohnheitsrecht bestehen, das zur Zeit der Publikation des A.L.R. bereits vorhanden war. (Förster-Eccius, Preuß. Privatrecht Bd. I § 16). Daß zu diesem Zeitpunkt schon ein armenrechtlicher Erstattungsanspruch durch Gewohnheitsrecht gegeben war, ist nicht anzunehmen, um so weniger als ja auch unter der Herrschaft des A.L.R. dieser Anspruch auf positive gesetzliche Bestimmungen gegründet wurde. Der Entstehung eines gewohnheitsrechtlichen Anspruchs im Gebiete des gemeinen Rechts innerhalb Preußens hätte dagegen nichts im Wege gestanden.

Jedoch spricht gegen die Annahme eines solchen die gerichtliche Praxis der letzten Jahrzehnte vor Inkrafttreten des B.G.B., die einen gemeinrechtlichen Erstattungsanspruch des Armenverbandes entschieden verneinte [26].

Es fehlt daher an der gleichmäßigen Rechtsübung, die zum Entstehen eines Gewohnheitsrechts notwendig ist.

---

[24] Jebens a. a. O.; Reichsgerichtliche Entscheidungen in Zivilsachen Bd. 35 S. 329; Oberlandesgericht Cöln (Preuß. Verwaltungsblatt Bd. 27 S. 145).

[25] Partikulares Gewohnheitsrecht kann sich auf dem dem Landesrecht vorbehaltenen Gebiet selbst dann bilden, wenn das bisher geltende Zivilrecht das Gewohnheitsrecht ausgeschlossen hatte (Staudinger, Kommentar zum B.G.B. Bd. 6, E.G. zu Art. 2 Anm. 2a auf S. 8).

[26] Reichsgerichtliche Entscheidungen in Zivilsachen Bd. 14 S. 97 u. a. m. Dernburg (Pandekten Bd. 2 § 122 Anm. 3) freilich erkennt den Erstattungsanspruch auch für das gemeine Recht an.

II. Die Erstattung der Unterstützung durch den Unterstützten.

d) Der Erstattungsanspruch nach allgemeinen Rechtsgrundsätzen.

Soweit nicht landesrechtliche Vorschriften den Erstattungsanspruch regeln, ist er nunmehr nach allgemeinen Rechtsgrundsätzen zu untersuchen.

Einfach liegt der Fall, wenn der Unterstützte nicht hilfsbedürftig war. Hier trifft zweifellos der § 812 B.G.B. zu:

„Wer durch die Leistung eines anderen oder in sonstiger Weise auf dessen Kosten etwas ohne rechtlichen Grund erlangt, ist ihm zur Herausgabe verpflichtet".

Der Unterstützte hatte, da nicht hilfsbedürftig, die Unterstützung ohne rechtlichen Grund erlangt, und zwar durch die Leistung und auf Kosten des Armenverbandes; er ist daher zur Erstattung der rechtlosen Bereicherung verpflichtet[27]. Daneben ist derjenige Empfänger, der den Armenverband fahrlässig — z. B. durch ungenaue — oder bewußt — durch unwahre Angaben über seine Verhältnisse — getäuscht hat, auch zum Schadenersatz aus einer unerlaubten Handlung verpflichtet (§§ 823, 828 B.G.B.)[28].

Sehr viel schwieriger und viel umstritten ist die Frage der Erstattung der Unterstützung, die einem tatsächlich Hilfsbedürftigen gewährt ist, also die der eigentlichen Armenunterstützung.

Die mannigfachen Konstruktionen, die den Zweck haben, die Erstattungspflicht des Unterstützten zu beweisen, verdanken, ebenso wie die sie gesetzlich festlegenden Vorschriften, der Erwägung ihren Ursprung, daß in einer im wesentlichen auf der Privatwirtschaft und der Selbstverantwortlichkeit — auch in wirtschaftlicher Hinsicht — aufgebauten Gesellschaftsordnung jeder einzelne die Kosten seines Unterhalts selbst zu tragen hat, soweit er dazu imstande ist, und daß es verwerflich ist, wenn der Unterstützte, später in bessere Vermögensverhältnisse gekommen, das nicht wiedererstattet, was er von der Allgemeinheit erhalten hat, zum Teil auf Kosten solcher, die minder begütert waren, als er es jetzt ist.

Aus dieser Erwägung oder diesem Gefühl heraus hat man die Erstattung der Unterstützung durch den in bessere Vermögensverhältnisse gekommen Unterstützten als selbstverständlich, als im Wesen der Unterstützung liegend erklärt. So sagt Münsterberg (Schriften des Vereins f. A. u. W. H. 41 S. 2), „daß unter allen Umständen, auch da, wo die Gesetze es nicht ausdrücklich aussprechen, die im Wege der Armenpflege gewährte Unterstützung als Vorschuß zu betrachten ist, der zurückzuerstatten ist, sobald der Unterstützte in die Lage kommt, es tun zu können" (ebenso Heft 42 S. 2), und Beckmann (Schriften des Vereins Heft 8 S. 6) erklärt, „daß die Auffassung der Armenunterstützung als Vorschuß die richtige und deshalb eine nähere Besprechung derselben nicht nötig sein dürfte".

---

[27] So auch Simonsohn S. 161; Neumann, Jahrbuch des deutschen Rechts, Bd. VII (1909) S. 327 Anm. 5: Oberlandesgericht Königsberg in Jurist. Monatsschrift für Posen usw. XI (1908) S. 27; Reichsgericht in Jurist. Wochenschrift, Jahrg. 1910, Bd. 39 S. 144, Entscheidungen Bd. 72 S. 334.

[28] Brinkmann (Schriften des D. Vereins Heft 45 S. 44).

2. Privatrechtlicher Ersatzanspruch.

Auch die ältere Rechtsprechung steht auf diesem Standpunkt. So namentlich die des Bundesamts für das Heimatwesen: „Dem unterstützenden Armenverbande steht in jedem Falle öffentlicher Unterstützung das Recht zu, sich (nicht bloß) aus dem eigenen Vermögen des Hilfsbedürftigen, wenn solches nachträglich ermittelt oder später erworben wird, schadlos zu halten" (Entscheidungen Heft 6 S. 29); „jede Armenunterstützung ist ein dem Unterstützten gewährter Vorschuß, welchen er zurückzuerstatten verpflichtet ist, sobald er es vermag" (Heft 8 S. 95); „ein Gegensatz zwischen Armenunterstützung und Vorschüssen besteht nicht, sondern jede Armenunterstützung stellt sich als Vorschuß dar, zu dessen Ersatz der Hilfsbedürftige selbst und etwaige Privatverpflichtete angehalten werden können" (Heft 7 S. 20); „jede Armenunterstützung erfolgt vorbehaltlich der eventuellen Wiedereinziehung von dem Unterstützten selbst oder von den sonstigen, nach den Grundsätzen des Privatrechts verpflichteten Personen" (Heft 16 S. 17). Die gleiche Auffassung vertritt noch neuerdings (i. J. 1900) das Preußische Oberverwaltungsgericht (Entscheidungen Bd. 37 S. 22): „Alle Armenunterstützungen sind (nur) in dem Sinne Vorschüsse, daß der Unterstützte sie erstatten muß, sobald er die dazu erforderlichen Mittel erlangt"[29].

Dieser Standpunkt ist aber im allgemeinen in neuerer Zeit von der Rechtsprechung verlassen worden, indem sie nach einem Rechtstitel für die Erstattungspflicht zu suchen begann, den das U.W.G. nicht gibt (vgl. Reichsgerichtsentscheidung im Preuß. Verwaltungsblatt 20. Jahrgang 1899 S. 507, Juristische Wochenschrift, 28. Jahrgang S. 310). Sie fand ihn für das landrechtliche Gebiet Preußens in den Bestimmungen des A.L.R. über die nützliche Verwendung, verwarf aber für das Gebiet des Gemeinen Rechts die Konstruktion eines Erstattungsanspruchs gegen den Unterstützten, weil er sich hier aus einem speziellen Rechtstitel — als solcher kamen in Frage in rem versio und negotiorum gestio — nicht herleiten lasse (Reichsgerichtsentscheidungen in Zivilsachen Bd. 14 S. 197). Scharf spricht diesen Gedanken das Obertribunal im Jahre 1878 aus (Entscheidungen Bd. 81 S. 220): „Damit aus der Erfüllung der öffentlichrechtlichen Verpflichtung eine privatrechtliche Ersatzforderung entstehe, ist es erforderlich, daß eine solche nach allgemeinen Rechtsgrundsätzen oder speziellem Gesetze überhaupt begründet sei ... Handelte die Klägerin in Erfüllung ihrer öffentlichrechtlichen Pflicht und machte sie dabei eine Aufwendung zum Vorteile des Armen, so folgt aus dem Mangel der Absicht, zu schenken oder eine privatrechtliche Schuld zu tilgen, noch nicht die Begründung einer Privatforderung, sondern nur insoweit als .. **gleichzeitig die Voraussetzungen für die Entstehung einer privatrechtlichen Verbindlichkeit gegeben sind.**"

Allgemein ist die hier wiedergegebene Auffassung nach Inkrafttreten des B.G.B. geworden. Alle Schriftsteller, die sich seitdem mit der Frage der Erstattungspflicht des Unterstützten befaßt haben (Greve, Jebens,

---

[29] Der Satz, daß der Unterstützte die Unterstützung erstatten muß, sobald er dazu imstande ist, spricht diese Entscheidung so klar aus, daß man sie wohl kaum wie Simonsohn (S. 163) als eine prinzipielle Stellungnahme nicht ansehen können wird.

II. Die Erstattung der Unterstützung durch den Unterstützten.

Simonsohn, Eger u. a. m.) und die Kommentatoren des B.G.B. sowie die Darsteller seines Rechtes untersuchen sie an der Hand rechtlicher Erwägungen und behandeln die Erstattungspflicht nicht als eine selbstverständliche Folge der Armenunterstützung, sondern als eine erst zu beweisende Frage. Und das Gleiche tut die Rechtsprechung (vgl. die oben angeführten oberlandesgerichtlichen Entscheidungen aus dem Jahre 1908; das Reichsgericht hat sich mit der Erstattungspflicht seit Inkrafttreten des B.G.B., soweit bekannt, noch nicht befaßt [30]).

Tatsächlich läßt sich auch aus dem Wesen der Armenunterstützung die Pflicht zu ihrer Rückerstattung nicht herleiten, so sehr sie ethischen, politischen und wirtschaftlichen Erwägungen entsprechen mag. Namentlich läßt sie sich aus der zum Wesen der Armenunterstützung gehörenden Subsidiarität der Unterstützung nicht deduzieren. Allerdings hat die Armenpflege nur einzutreten, wo andere Hilfsmittel für den Armen nicht vorhanden sind, denn beim Vorhandensein solcher Hilfsmittel ist er überhaupt nicht hilfsbedürftig; kommt er erst später zu Vermögen, so folgt daraus nur, daß nun seine Hilfsbedürftigkeit und damit die Armenpflege für die Zukunft aufhört, nicht aber, daß sie auch für die Vergangenheit gewissermaßen ihre Berechtigung verliere und die Unterstützung daher als nachträglich unberechtigt geworden zurückzuerstatten sei.

Versagt danach der Versuch, den Erstattungsanspruch des Armenverbandes gegen den Unterstützten aus dem Wesen der öffentlichen Unterstützung herzuleiten, so bleibt noch zu prüfen, wie das B.G.B. sich zu diesem Anspruch stellt.

Wie wir oben (S. 4) gesehen haben, bezeichnen zahlreiche Landesgesetze die öffentliche Unterstützung als „Vorschuß", und dieser Ausdruck ist als der für ein darlehenartiges Rechtsverhältnis zu verstehen. Wo eine solche positive Bestimmung besteht, werden in Ermangelung anderer Vorschriften die des B.G.B. über das Darlehen auf die Unterstützung anzuwenden sein. Nach § 607 B.G.B. ist, wer Geld oder andere vertretbare Sachen als Darlehen empfangen hat, verpflichtet, dem Darleiher das Empfangene in Sachen von gleicher Art, Güte und Menge zurückzuerstatten. Der Schuldner muß also das Gegebene als Darlehen empfangen haben, d. h. unter der zwischen den Parteien stillschweigend oder ausdrücklich getroffenen Vereinbarung, daß es zurückzuerstatten sei.

Nun kann zwar das Gesetz, indem es die Unterstützung als Vorschuß oder Darlehen bezeichnet, das Rechtsverhältnis so gestalten, als ob die Zurückerstattung vereinbart sei. Aber rechtlich ist der Wille des Unterstützten völlig unerheblich; der Armenverband muß den Hilfsbedürftigen unterstützen, mag dieser sich zur Erstattung bereit erklären oder nicht, ja selbst wenn er jede Erstattung im voraus verweigert, also aufs deutlichste seinen Willen erklärt, die Unterstützung nicht als Darlehen zu empfangen, keinen Darlehnsvertrag einzugehen [31].

---

[20] Die Entscheidung im neuesten Bande (Bd. 72 S. 334 ff.) befaßt sich ausschließlich mit dem Falle, daß der Unterstützte tatsächlich nicht hilfsbedürftig war.
[31] So auch Schäfer S. 100.

2. Privatrechtlicher Ersatzanspruch.

An sich kann der Armenverband zweifellos auch ein Darlehen gewähren, indem er mit dem Empfänger die Rückzahlung vereinbart. Diesen Vertrag aber schließt er nicht in Erfüllung seiner öffentlichrechtlichen Aufgaben. Freilich übt er trotzdem Armenpflege aus, indem er den Hilfsbedürftigen unterstützt, auch wenn dieser sich ausdrücklich zur Erstattung verpflichtet[32]; nur darf er die Verpflichtung nicht zur Bedingung der Unterstützung machen, und der geschlossene Vertrag ist ein selbständiges, von der Erfüllung der öffentlichen Pflicht des Armenverbandes unabhängiges Rechtsgeschäft.

Übrigens würde die Konstruktion der Armenunterstützung als Darlehen, wenn überhaupt, nur für Bar- und Naturalunterstützungen zutreffen, denn nach § 607 B.G.B. können nur Geld oder andere vertretbare Sachen Gegenstand des Darlehens sein. Für andere Arten der Unterstützung, wie z. B. die Gewährung von Anstaltspflege, müßte eine andere Rechtskonstruktion, etwa die des Dienstvertrages, versucht werden, die aber ebenfalls an dem Fehlen der für den Vertrag selbstverständlichen Notwendigkeit der Willenseinigung scheitert.

Aus dem gleichen Grunde läßt sich die Unterstützung nicht auffassen als Schenkung unter der Bedingung oder Auflage der Rückzahlung, wenn der Empfänger in bessere Vermögensverhältnisse komme[33]. Denn auch die Schenkung ist nach § 516 B.G.B. ein Vertrag, bei dem die Willenseinigung auf die Unentgeltlichkeit der Zuwendung geht. Ebenso verbietet selbstverständlich die Vertragsnatur der Schenkung, die Unterstützung, deren Wiedererstattung nicht gesetzlich bestimmt ist, als solche ohne Auflage der Rückzahlung aufzufassen, und daraus zu folgern, daß eine Erstattungspflicht nicht bestehe; denn ob der Armenverband unentgeltlich leisten will oder nicht, ist rechtlich unerheblich, — er muß unterstützen, sobald die Voraussetzungen der Hilfsbedürftigkeit vorliegen.

Läßt sich also ein vertragliches Schuldverhältnis nicht konstruieren, so ist zu prüfen, ob sich ein außervertragliches nachweisen läßt, das nicht eine Einigung zwischen Geber und Empfänger der Unterstützung voraussetzt. Und tatsächlich hat man die Erstattungspflicht des letzteren sowohl aus der Geschäftsführung ohne Auftrag wie aus der rechtlosen Bereicherung herzuleiten gesucht.

Beide Konstruktionsversuche gehen davon aus, daß der Hilfsbedürftige keinen Rechtsanspruch auf Unterstützung hat. Zwar bestimmt das U.W.G. (§ 28 und 60):

> Jeder Hilfsbedürftige .. muß vorläufig von demjenigen Ortsarmenverbande unterstützt werden, in dessen Bezirk er sich bei dem Eintritt der Hilfsbedürftigkeit befindet ..

Aber durch dieses „muß" wird nur die öffentlichrechtliche Pflicht des Armenverbandes zur vorläufigen Unterstützung, nicht ein individuelles Recht des

---

[32] „Der Tatsache, daß Armenpflege geübt worden ist, steht der Umstand nicht entgegen, daß Frau B. einen Verpflichtungsschein unterschrieben hat, wonach sie sich verpflichtete, die Kosten sobald als möglich zu bezahlen" (Bundesamt f. d. Heimatwesen, Entsch. Heft 36 S. 44).

[33] Von neueren Schriftstellern wird diese Auffassung Flottwells (Simonsohn S. 165, Eger S. 419) nicht mehr vertreten.

Hilfsbedürftigen begründet. Das beweisen die §§ 28 und 60 selbst, indem sie in ihrem weiteren Verlauf dem zur vorläufigen Unterstützung den zur Tragung der Kosten verpflichteten Armenverband entgegenstellen; das beweist auch § 61 des U.W.G., wonach durch dieses Gesetz Rechte und Pflichten nur zwischen den unterstützungspflichtigen Verbänden begründet werden. Läßt das U.W.G. danach die Frage unberührt, ob dem Hilfs-bedürftigen ein Recht auf Unterstützung zusteht[34], so enthalten fast alle Ausführungsgesetze eine dem § 63 Abs. 1 des pr. A.G. z. U.W.G. ent-sprechende Bestimmung, welche lautet:

> Einen Anspruch auf Unterstützung kann der Arme gegen einen Armenverband niemals im Rechtswege, sondern nur bei der Verwaltungs-behörde geltend machen.

Aber auch da, wo eine solche ausdrückliche Bestimmung fehlt, wie z. B. für das Königreich Sachsen, versteht sie sich mangels einer gegenteiligen Vor-schrift von selbst. Denn kein Gesetz, sei es des Reiches, sei es eines Bundesstaates, gibt dem Hilfsbedürftigen einen Rechtsanspruch auf öffent-liche Unterstützung. Diese ist also lediglich eine öffentliche Pflicht des Armenverbandes, und es hat im deutschen Recht nur die Öffentlichkeit, nur der Staat einen wirklichen, rechtlich begründeten Anspruch auf Unter-stützung. „Der Verpflichtung des Armenverbandes steht nicht direkt das Recht des Hilfsbedürftigen auf Unterstützung, wohl aber das Recht des Staates auf Forderung dieser Unterstützung für den Hilfsbedürftigen gegen-über[35]." „So entspricht in Deutschland der staatlichen und kommunalen Pflicht der Armenpflege kein subjektives Recht des einzelnen auf Armen-unterstützung[36]." Mit anderen Worten: im Armenrecht ist der Hilfsbedürftige nicht Rechtssubjekt, sondern nur Rechtsobjekt.

Von diesem Gesichtspunkt aus kommt Simonsohn (S. 167) dazu, den Unterstützten als durch die Unterstützung rechtlos bereichert anzusehen. § 812 B.G.B. sagt:

> Wer durch die Leistung eines anderen oder in sonstiger Weise auf dessen Kosten etwas ohne rechtlichen Grund erlangt, ist ihm zur Heraus-gabe verpflichtet.

Zweifellos erlangt der Unterstützte die Unterstützung auf Kosten des Armenverbandes. Und er erlangt nach Simonsohn die Unterstützung ohne rechtlichen Grund, denn er hat kein Recht auf die Unterstützung; nicht ihm, sondern nur der Allgemeinheit gegenüber ist der Armenverband zur Unterstützung verpflichtet.

---

[34] § 61 soll nur die Deutung ausschließen, „daß der Hilfsbedürftige aus dem vorliegenden Gesetze unmittelbar ein Recht erwerbe" (Motive bei Eger Anm. 192 zu II A). Keineswegs enthält er den Ausdruck eines Grundsatzes, daß dem Armen gegenüber dem Armenverbande kein zivilrechtlicher Anspruch zusteht, wie Beck-mann S. 3 behauptet; es würde dem § 61 nicht widersprechen, wenn ein anderes Reichs- oder Landesgesetz dem Hilfsbedürftigen ein Recht auf Unterstützung gäbe.
[35] Arnoldt zitiert bei Simonsohn S. 167 und bei Eger S. 416.
[36] Georg Meyer, Lehrbuch des deutschen Staatsrechts, 6. Aufl. bearbeitet von Anschütz, § 216 Anm. 1.

2. Privatrechtlicher Ersatzanspruch.

Die Subsumtion der Unterstützung unter den Begriff der rechtlosen Bereicherung wird von allen anderen Seiten — mit Ausnahme von Eger zu § 61 Anm. 192 II C 5 S. 419 — deshalb abgelehnt, weil der Armenverband zur Unterstützung rechtlich verpflichtet war, also nicht ohne Rechtsgrund geleistet hat[37]. Gewiß: aber hat dadurch der Unterstützte etwas erlangt, worauf er ein Recht hatte? Man muß, wenn man sich an den Wortlaut des § 812 B.G.B. hält, genau unterscheiden zwischen dem Leistenden und dem Empfänger: jener leistet aus einer Rechtspflicht, dieser empfängt ohne Rechtsgrund — zwar nicht rechtswidrig, aber rechtlos; und schon die ohne, nicht bloß die gegen das Recht erlangte Bereicherung fällt unter § 812 B.G.B. seinem Wortlaut nach.

Freilich läßt sich gegen diese Beweisführung wieder mancherlei einwenden. Man kann darauf hinweisen, daß das preuß. A.G. z. U.W.G. § 63 ausdrücklich von einem „Anspruch" der Hilfsbedürftigen spricht[38], daß dem Unterstützung Verlangenden überall ein genau geregelter Weg, zwar nicht der Klage, aber doch der Beschwerde gegen den die Unterstützung verweigernden Armenverband offensteht, und daß es mancherlei publizistische Rechte gibt, die der Berechtigte nur im Beschwerde-, nicht aber im Klagewege verfolgen kann[39]. Und es läßt sich nicht leugnen, daß der Schluß, zu dem die Auffassung der Unterstützung als rechtlose Bereicherung führt, recht unbefriedigend ist: der Schluß nämlich, daß der Unterstützte die Unterstützung in dem Augenblick, wo sie ihm kraft öffentlichen Rechts gewährt wird, kraft bürgerlichen Rechts zurückzuerstatten hat. Denn fällt die Unterstützung überhaupt unter den Begriff der rechtlosen Bereicherung, so entsteht gemäß § 812 B.G.B. die Pflicht, sie zurückzuerstatten, schon im Augenblick ihres Empfanges und ist nicht abhängig von einem späteren Vermögenserwerb. Aber schließlich sprechen solche Erwägungen weniger gegen die Richtigkeit der Konstruktion, als für die Notwendigkeit, sie gesetzlich zu beseitigen, wie es ja auch die meisten Landesgesetze getan haben.

Welchen Einfluß aber hat auf die Unterstützung, wenn sie als rechtlose Bereicherung aufzufassen ist, die Bestimmung des B.G.B. § 818 Abs. 3:

> Die Verpflichtung zur Herausgabe oder zum Ersatze des Wertes ist ausgeschlossen, soweit der Empfänger nicht mehr bereichert ist. — ?

Simonsohn antwortet (S. 168): „Bereichert bleibt der Unterstützte auch nach Verbrauch des Empfangenen, denn gleichgültig, wie seine Vermögenslage sich darstellt, ist er in erster Linie zur Beschaffung und Bezahlung

---

[37] So Brinkmann (Heft 45 der Schriften des D. Vereins f. A. u. W. S. 46); Niedner, E.G. z. B.G.B. zu Art. 103; Planck, B.G.B. Bd. VI Anm. 2 a zu Art. 103 E.G.; Greve S. 15 u. 20; Jebens S. 890; die oben genannten Urteile der Oberlandesgerichte Cöln (Preuß. Verwaltungsblatt Bd. 27 S. 145) und Marienwerder (Jurist. Monatsschrift für Posen usw. Bd. 11 S. 76), während das Oberlandesgericht Posen (ebenda S. 75) es dahingestellt bleiben läßt, ob nicht der Erstattungsanspruch aus § 812 B.G.B. gerechtfertigt ist.
[38] Ebenso A.G. z. U.W.G. für Elsaß-Lothringen § 36.
[39] Das Oberlandesgericht Cöln spricht denn auch geradezu von einem „Anrecht" des Hilfsbedürftigen auf die Unterstützung.

seines Unterhaltes verpflichtet; was ihm daher von anderer Seite zugewendet wird, erspart er, es verbessert sich um diesen Betrag seine Lebenslage."

Zweifellos wird derjenige, dessen Verbindlichkeiten ein anderer erfüllt, dem Gläubiger gegenüber von seiner Schuld befreit und dadurch in seiner Vermögenslage verbessert. Das würde auf den Fall zutreffen, daß der Armenverband die von dem Armen entnommenen Lebensmittel dem Verkäufer bezahlt, die von ihm geschuldete Wohnungsmiete an den Vermieter entrichtet, kurz wenn er Schulden des Hilfsbedürftigen begleicht. Aber ist das seine Aufgabe, leistet er in dieser Weise die Unterstützung? Nein! Nicht, etwas zu bezahlen, was jemand, ohne es zu bezahlen, wenn auch auf Schulden, erlangt hat[40], sondern das zu verschaffen, was der Arme ohne Hilfe des Armenverbandes nicht erlangen kann, was aber zum Leben notwendig ist, — das ist Sache der Armenpflege. Durch das Eingreifen des Armenverbandes werden dem Unterstützten keine Ausgaben erspart, denn er könnte sie ohne den Armenverband gar nicht machen; der Arme würde ohne dessen Hilfe nicht, wie Simonsohn anzunehmen scheint, sich Nahrung und Obdach auf Schulden verschaffen, sondern er würde beides überhaupt nicht erhalten — darin gerade liegt ja seine Hilfsbedürftigkeit!

Die hier vertretene Auffassung des § 818 B.G.B. Abs. 3 ist wohl die allgemeine. „Hat der Bereicherte das Erlangte redlicherweise konsumiert, so ist seine Verpflichtung zur Herausgabe weggefallen" (Eck-Leonhard, Vorträge über das Recht des B.G.B. Bd. I § 102). „Der gutgläubige Empfänger haftet nur auf diejenige Bereicherung, die bei Eintritt der Rechtshängigkeit des Herausgabeanspruchs noch vorhanden ist" (Endemann, Lehrbuch des bürgerlichen Rechts 7. Aufl. I § 198 zu 2 a). „Den Wegfall der Bereicherung hat der Empfänger zu beweisen. Dies kann bei Geldsummen durch den Nachweis des Empfängers geschehen, daß er das Geld unproduktiv verwendet hat, ... wogegen der Gegenbeweis denkbar, wenn auch keineswegs leicht zu führen ist, daß der Empfänger die unproduktiven Ausgaben aus eigenen Mitteln gemacht hätte, wenn ihm das ohne Rechtsgrund Geleistete nicht zugekommen wäre; daß er also infolgedessen seine eigenen Mittel sparte" (Dernburg, Bürgerl. Recht Bd. II Abt. 2 § 381). Nun hat zweifellos der Hilfsbedürftige die ihm gewährte Unterstützung unproduktiv verwendet, d. h. ohne aus ihr neue wirtschaftliche Werte zu schaffen; und ohne die Unterstützung hätte er die Ausgaben für Nahrung, Wohnung usw., die er aus jener bezahlt hat, nicht machen oder die Lebensmittel, das Obdach, das ihm als Unterstützung gewährt wurde, sich nicht verschaffen können; er hat also durch die Unterstützung eigene Mittel nicht gespart.

Von besonderer Bedeutung für die Anwendung des § 818 Abs. 3 auf den Erstattungsanspruch des Armenverbandes ist der Umstand, daß aus der Natur der Armenunterstützung selbst sich der Wegfall der Bereicherung

---

[40] Darüber, daß die Bezahlung von Schulden nicht zu Aufgaben der Armenpflege gehört, vgl. Wohlers-Krech, Anm. 13 zu § 28 S. 92, und die dort angeführten zahlreichen Entscheidungen des Bundesamts für das Heimatwesen.

zur Zeit der Rechtshängigkeit ergibt. Denn jede Unterstützung wird bei wirklicher Hilfsbedürftigkeit im Augenblick ihrer Gewährung oder doch unmittelbar danach konsumiert, da sie ja dazu dient, einen **augenblicklichen Notstand** zu heben. Diese Konsumtion, der sich aus der Tatsache, daß die Bereicherung als Armenunterstützung gegeben worden ist, ergebende Wegfall der Bereicherung, ist aber vom Richter von Amts wegen zu berücksichtigen. „Ein den späteren Wegfall der Bereicherung behauptendes Vorbringen der Partei trägt nicht den Charakter einer wirklichen **Einrede**, wie etwa die Berufung auf die Verjährung. Vielmehr hat es den Charakter eines **rechtsvernichtenden Einwandes**, der .. zu berücksichtigen ist, wenn er sich nur überhaupt aus den Vorträgen der Parteien, insbesondere auch des **Klägers** ergibt" (Entsch. des Reichsgerichts, Jurist. Wochenschrift Bd. 39 [Jahrgang 1910] S. 108). Der auf die rechtlose Bereicherung gestützte Erstattungsanspruch gegen den Unterstützten trägt also schon bei der Geburt den Todeskeim in sich und läßt sich nicht durchführen.

Geschäftsführung ohne Auftrag sieht **Greve** in der öffentlichen Unterstützung[41]. Nach § 677 B.G.B. ist Geschäftsführer ohne Auftrag, „wer ein Geschäft für einen anderen besorgt, ohne von ihm beauftragt oder ihm gegenüber sonst dazu berechtigt zu sein." Nach Greve ist der Unterstützte der Geschäftsherr, der unterstützende Armenverband der Geschäftsführer. Er führt (S. 22 ff.) aus: Geschäftsführung umfaßt nicht bloß Rechtshandlungen und Rechtsgeschäfte, sondern auch tatsächliche Dienstleistungen (Motive zum B.G.B. Bd. 2, S. 855); der Armenverband nimmt durch die Unterstützung zwar in erster Reihe sein eigenes Geschäft wahr, indem er eine ihm obliegende öffentliche Pflicht erfüllt, besorgt aber zugleich eine Angelegenheit des Unterstützten für ihn; er handelt, ohne dem Armen gegenüber dazu **berechtigt** zu sein, denn er hat nur eine Pflicht, nicht auch ein Recht gegen den Hilfsbedürftigen zu dessen Unterstützung. Nun bestimmt B.G.B. § 683 Satz 1:

Entspricht die Übernahme der Geschäftsführung dem Interesse und dem wirklichen oder dem mutmaßlichen Willen des Geschäftsherrn, so kann der Geschäftsführer wie ein Beauftragter Ersatz seiner Aufwendungen verlangen.

und § 685 Satz 1:

Dem Geschäftsführer steht ein Anspruch nicht zu, wenn er nicht die Absicht hatte, von dem Geschäftsherrn Ersatz zu erlangen.

Der Armenverband handelt stets im Interesse und dem wirklichen oder mutmaßlichen Willen des Unterstützten entsprechend, wenn er der Not abhilft, in der der Hilfsbedürftige sich befindet. Und er hat bei Gewährung der Unterstützung stets die Absicht, Ersatz zu verlangen: „Eine vorsorgliche Finanzpolitik setzt bei Ausgaben stets den Willen voraus, da und dann Ersatz für die Ausgaben zu schaffen, wenn und wo dieses nur möglich ist"

---

[41] Ebenso Oertmann (Kommentar zum B.G.B., Recht der Schuldverhältnisse, 11. Titel, Vorbemerkung 5, S. 413) und Achilles (B.G.B., Vorbemerkung 3 zum 11. Titel).

II. Die Erstattung der Unterstützung durch den Unterstützten.

(S. 27). Danach hat der Armenverband gegen den Unterstützten einen Anspruch auf Erstattung der Unterstützung aus der Geschäftsführung ohne Auftrag, und zwar stets und sofort, — nicht erst, wenn der Unterstützte zu Vermögen gekommen ist (S. 35).

Ohne weiteres ist Greve zuzugeben, daß der Armenverband im Interesse und auch dem Willen des Unterstützten entsprechend — tritt er ja meistens auf direkten Antrag des Hilfsbedürftigen ein! — handelt. Ebenso hat er die Absicht, Ersatz seiner Aufwendungen zu verlangen, soweit dieses den Umständen nach möglich ist; selbst da, wo er mit Sicherheit annimmt, daß er Ersatz nicht oder nur unter der größten Härte für den Unterstützten würde erlangen können, wird er es sich stillschweigend vorbehalten, seine Aufwendungen zurückzuverlangen, wenn der Unterstützte wider alles Erwarten zu Vermögen kommen sollte [42].

Die Schwäche von Greves Beweisführung aber liegt u. E. in der Behauptung, der Armenverband sei zu der Unterstützung dem Hilfsbedürftigen gegenüber nicht berechtigt. Schließt nicht die öffentliche Pflicht der Unterstützung auch das Recht dazu ein? Wie soll der Armenverband seine Pflicht — der Öffentlichkeit, dem Staat gegenüber — erfüllen, wenn er nicht ein Recht dazu — dem Hilfsbedürftigen gegenüber — hat [43]? Vielleicht wird man hiergegen einwenden: beneficia non obtruduntur, gegen seinen Willen kann der Hilfsbedürftige nicht unterstützt werden; will er verhungern, will er sich ohne Obdach umhertreiben, so ist der Armenverband nicht in der Lage, ihm Unterhalt und Obdach aufzuzwingen — das könnten höchstens die Polizeiorgane im Interesse der öffentlichen Ordnung tun. Aber einmal trifft dieses nicht unbedingt zu: auch gegen seinen Willen wird der Halbverhungerte, der infolge eines Selbstmordversuches schwer Verletzte, selbst wenn sie sich dagegen sträuben, von dem Armenverbande in Fürsorge genommen — eben darin zeigt sich die öffentlich-rechtliche Natur der Unterstützung, die den Armen zum Objekt, nicht zum Subjekt der Armenpflege macht. Abgesehen von diesen wenigen Ausnahmefällen aber, tritt der Armenverband im regelmäßigen Verlaufe der Armenpflege auf Antrag des Hilfsbedürftigen ein, erhält also zum mindesten durch diesen Antrag ein Recht dem Armen gegenüber, wenn er es nicht ohnehin hatte.

Und weiter: nach Greve handelt der Armenverband für den Unterstützten. In Wirklichkeit aber will er nicht für diesen — wenigstens ist

---

[42] Die bei Gelegenheit dieser Arbeit an alle deutschen Städte über 50 000 Einwohner gerichtete Umfrage hat ergeben, daß keine von ihnen vornherein auf Ersatz verzichtet, sondern alle in ihrem Etat einen Einnahmeposten für Erstattung von Armenunterstützungen haben — freilich meistens nicht bloß für Erstattung durch den Unterstützten allein, sondern zugleich mit Erstattung von anderer Seite.

[43] So auch Dernburg (Bürgerl. Recht I 2, 3. Aufl. § 299 Nr. 3b): „Auftraglose Geschäftsführung findet nach § 677 nicht statt, wenn der Geschäftsführer gegenüber dem Herrn des Geschäfts berechtigt ist, dessen Geschäft zu führen ... Keine auftraglose Geschäftsführung ist also ... das Eingreifen der Obrigkeit kraft Recht und Pflicht ihres Amtes in die Angelegenheiten eines Hilfsbedürftigen, hiernach auch nicht, wenn ein öffentlicher Armenverband einen Unterstützungsbedürftigen erhält."

2. Privatrechtlicher Ersatzanspruch.

dieser etwa vorhandene Wille rechtlich ganz irrelevant —, sondern für sich selbst handeln, seine eigene, ihm kraft öffentlichrechtlicher Pflicht obliegenden Angelegenheiten besorgen[44].

Greve sagt (S. 27): „Der Armenverband handelt zwar, weil er muß, aber es ist schlechterdings unmöglich zu unterstellen, daß bei ihm der Wille fehle, „für den andern" zu handeln, wenn er diesen vor dem physischen Untergang bewahrt". Hier wirft Greve u. E. zwei Momente zusammen, die das Gesetz scharf voneinander scheidet: B.G.B. § 683 stellt neben der Geschäftsführung, d. h. den Handeln für den andern (§ 677), als Erfordernis für den Ersatzanspruch des Geschäftsführers das Handeln im Interesse des Geschäftsherrn auf, die Geschäftsbesorgung im Interesse des Armen deckt sich also nicht mit der für ihn. Und jemand „vor dem physischen Untergang bewahren", ist wohl in seinem Interesse, aber noch nicht für ihn gehandelt.

Übrigens lautete der dem jetzigen § 677 entsprechende § 749 des ersten Entwurfs zum B.G.B.: „Wer für einen anderen ohne dessen Auftrag und ohne Amtspflicht ein Geschäft besorgt" ... Die zweite Kommission strich die Worte „ohne Amtspflicht", weil die Erwähnung der Amtspflicht, soweit es sich um Fälle des öffentlichen Rechtes handle, außerhalb des Bereiches des B.G.B. liege.

(Protokolle der zweiten Kommission zum ersten Entwurf, bei Mugdan, die gesamten Materialien zum B.G.B. Bd. II S. 1193.)

Die Entstehungsgeschichte des § 677 zeigt, wie der Versuch, eine öffentlich-rechtliche Handlung unter die privatrechtliche Geschäftsführung zu subsumieren, auch der Absicht des Gesetzgebers widerspricht.

Der Ersatzanspruch des Armenverbandes gegen den Unterstützten unterliegt, da es an einer spezialgesetzlichen Vorschrift darüber fehlt, bezüglich der Verjährung den allgemeinen Vorschriften des B.G.B. Danach verjährt er im allgemeinen in 30 Jahren (§ 195). Ausgenommen von der regelmäßigen Verjährung ist jedoch der Anspruch auf Erstattung von Anstaltspflegekosten; denn nach § 196 Nr. 11 verjähren die Ansprüche der öffentlichen Anstalten, welche dem Unterrichte, der Erziehung, Verpflegung oder Heilung dienen, und nach Nr. 12 die Ansprüche derjenigen, welche Personen zur Verpflegung oder Erziehung aufnehmen, für Gewährung von Unterricht, Verpflegung oder Heilung und für die damit zusammenhängenden Aufwendungen in zwei Jahren. In Nr. 11 wird man nur auf solche Anstalten beziehen können, die eine eigene juristische Persönlichkeit haben; denn nur dann sind die aus den Anstaltsleistungen herrührenden Ansprüche solche der Anstalt[45]. Soweit aber die der öffentlichen Armen-

---

[44] So auch Oberlandesgericht Cöln a. a. O.; Jebens S. 388; Simonsohn S. 166.

[45] Ganz klar ist das nicht: Nr. 11 stellt neben die öffentlichen Anstalten die Inhaber von Privatanstalten, deren Ansprüche aus der Verpflegung ebenfalls in zwei Jahren verjähren, und es ist nicht einzusehen, warum die Ansprüche von Inhabern öffentlicher, keine juristische Persönlichkeit habender Anstalten anders behandelt werden sollen als die von Privatpersonen und öffentlichen Anstalten. Dieser Meinung scheint

pflege dienenden Anstalten nicht unter Nr. 11 des § 196 fallen, gewährt der Armenverband die Leistung in ihnen und sein Anspruch verjährt nach Nr. 12 in zwei Jahren. Zwar wird von der herrschenden Meinung Nr. 12 nur auf die berufs- oder gewerbsmäßige Verpflegung und Heilung bezogen — eine Auslegung, die u. E. ebensosehr dem Wortlaut wie den Motiven widerspricht[46]; aber auch wenn man sich ihr anschließt, fällt die Tätigkeit des Armenverbandes, zu dessen Aufgaben und Beruf die Verpflegung und Heilung Hilfsbedürftiger gehört, darunter.

---

auch Gareis zu sein, der zu § 196 Nr. 11 (Kommentar zum B.G.B., herausgegeben von Biermann u. a. m.) bemerkt: „Öffentliche Anstalten, welche … dienen, das sind die vom Staate oder einer Körperschaft, Stiftung oder Anstalt des öffentlichen Rechts eingerichteten oder geleiteten Anstalten, welche usw." Danach stände „Öffentliche Anstalt" nur im Gegensatz zu „Privatanstalt" und Nr. 12 beträfe die Ansprüche aus einer Pflege außerhalb der Anstalt.

[43] In den Motiven zum ersten Entwurf war ausdrücklich bemerkt, daß es nicht darauf ankomme, ob die Aufnahme in die Anstalt gewerbsmäßig erfolge; daraus, daß in der späteren Denkschrift diese Bemerkung weggelassen und im Text des Gesetzes „aufnehmen" statt „aufgenommen haben" gesagt ist, schließt das Reichsgericht (Entsch. in Zivilsachen Bd. 60 S. 340), daß Nr. 12 nur die gewerbs- oder berufsmäßige Verpflegung betreffe; ihm schließen sich Dernburg (Das Bürgerliche Recht usw., 3. Aufl. Bd. 1 § 177 IV), Hölder und Staudinger (in ihren Kommentaren zum B.G.B.) an. Joseph (Jurist. Wochenschrift, 39. Jahrg. 1910, S. 57) schließt u. E. mit Recht gerade aus dem Weglassen der Bemerkung des ersten Entwurfs in der Denkschrift, daß letztere sich jene Auffassung als selbstverständlich aus dem Texte folgend zu eigen gemacht hat.

III. Erstattungsanspruch an den Nachlaß.

Wie bezüglich des Anspruchs gegen den Unterstützten selbst, so enthält das E.G. z. B.G.B. auch in bezug auf den Anspruch an den Nachlaß einen Vorbehalt. Art. 139 sagt:

Unberührt bleiben die landesgesetzlichen Vorschriften, nach welchen dem Fiskus oder einer anderen juristischen Person in Ansehung des Nachlasses einer verpflegten oder unterstützten Person ein Erbrecht, ein Pflichtteilsanspruch oder ein Recht auf bestimmte Sachen zusteht.

Diese gesetzlichen Vorschriften gehen über dasjenige hinaus, was dem Armenverbande lediglich aus dem Ersatzanspruch gegen den Unterstützten selbst gebührt. Wo dieser besteht, ist der Armenverband Nachlaßgläubiger, der Anspruch gehört zu den Nachlaßverbindlichkeiten, und der Erbe haftet dafür (§ 1967 B.G.B.); er kann die Haftung durch Ausschlußurteil (§ 1973), Nachlaßverwaltung oder Nachlaßkonkurs (§ 1975, vgl. auch § 1990) und durch Inventarerrichtung (§ 1993 ff.) auf den Nachlaß beschränken.

Der Vorbehalt des Art. 139 E.G. z. B.G.B. hält nun landesgesetzliche Ansprüche des Armenverbandes gegen den Nachlaß auch da aufrecht, wo wegen der Unterstützung oder Verpflegung gegen den Unterstützten selbst kein Erstattungsanspruch begründet ist[47].

Die Landesgesetze[48] geben nun den Armenverbänden ein unter Art. 139 a. a. O. fallendes Recht teils für **jede Art** der nicht erstatteten Unterstützung, teils nur für Anstaltspflege.

1. Für jede Art der Unterstützung geben:

    Anhalt — ein gesetzliches Erbrecht, wenn die Unterstützung bis zum Tode dauert oder erst in den letzten 60 Tagen vor dem Todestage aufgehört hat;

    Hamburg — das ausschließliche Erbrecht an dem Nachlaß derjenigen Personen, die innerhalb der letzten fünf Jahre vor ihrem Ableben mindestens 150 Wochen hindurch aus öffentlichen Mitteln auf ihr Ansuchen[49] unterstützt sind;

---

[47] Wagner in Stalnigers Kommentar zum B.G.B. Bd. VI Anm. 2c zu Art. 139 E.G. z. B.G.B.

[48] Teils bei Krech, Anhang F, aufgeführt, teils bei Niedner, Anm. 3 zu Art. 139 E.G. z. B.G.B. zusammengestellt.

[49] Danach wird ein in bewußtlosem Zustand in eine öffentliche Krankenanstalt aufgenommener oder ein geisteskranker Hilfsbedürftiger nicht vom Armenverbande

Bremen — ein Erbrecht an den Nachlaß der innerhalb der letzten fünf Jahre vor dem Erbfall Unterstützten vor den Verwandten erster Ordnung; der nach Befriedigung der Nachlaßgläubiger und nach Deckung der Unterstützung und der Unkosten verbleibende Überschuß ist den ausgeschlossenen Erben herauszugeben;

Lübeck — ein Erbrecht nach den bis zum Tode Unterstützten;

Mecklenburg-Schwerin und Mecklenburg-Strelitz — eine Nachlaßforderung mit den Vorzügen einer Forderung wegen öffentlicher Abgaben;

Baden — eine Ersatzpflicht des Nachlasses, soweit nicht arme Noterben vorhanden sind;

Sachsen-Weimar und Reuß ä. L. — einen Pflichtanteilsanspruch gegenüber den in Anstalten unentgeltlich Verpflegten, eine Forderung in Höhe der Aufwendungen an den Nachlaß der außerhalb von Anstalten Unterstützten.

2. Nur für Anstaltspflege.

Sachsen — Bezirks- und Ortsarmen-, Ortskranken- und Ortswaisenhäuser haben nach den Erben erster und zweiter Ordnung und den Voreltern ein gesetzliches Erbrecht und in gleicher Höhe ein Pflichtteilsrecht nach den in die Anstalt Aufgenommenen; ebenso

Schwarzburg-Rudolstadt und Reuß j. L. — nur daß in letzterem Lande an Stelle der Voreltern die Ehegatten das Erbrecht der Anstalt ausschließen.

Einer besonderen Erörterung bedarf wieder der Rechtszustand in Preußen.

Das A.L.R. II. Teil 19. Titel „von Armenanstalten und milden Stiftungen" ist durch A.G. z. B.G.B. Art. 89 zu 1 c mit Ausnahme der §§ 45—48 aufrecht erhalten.

A.L.R. II 19 § 50 bestimmt:

Auf den eigentümlichen freien Nachlaß solcher Personen, die in eine öffentliche Anstalt zur unentgeltlichen Verpflegung aufgenommen werden und in dieser Verpflegung gestorben sind, hat die Anstalt ein gesetzliches Erbrecht.

Nach Collatz (Preuß. Verwaltungsblatt Bd. 21 S. 140 f.) bezieht sich diese Vorschrift nur auf solche Anstalten, „denen nach § 42 II 19 A.L.R. die Rechte moralischer Anstalten zukommen und denen eine Unterstützungspflicht nicht obliegt". Dem kann nicht zugestimmt werden. Die vom Staate ausdrücklich oder stillschweigend genehmigten Armen- und anderen Versorgungsanstalten haben nach § 42 a. a. O. die Rechte einer juristischen Person, und nach §§ 32, 33 muß das Vorhaben der Errichtung von Armen-

---

beerbt, weil es an seinem rechtlich wirksamen Ansuchen fehlt. Dagegen wird der Antrag des Vormundes eines Hilfsbedürftigen auf Unterstützung des letzteren als Ansuchen des Hilfsbedürftigen selbst anzusehen sein, da der Vormund ihn zu vertreten das Recht hat (§ 1793, 1897 B.G.B.).

III. Erstattungsanspruch an den Nachlaß.

häusern, Hospitälern, Waisen- und Findel-, Werk- und Arbeitshäusern zur Prüfung der Grundsätze ihrer Verfassung dem Staate angezeigt werden, weswegen alle tatsächlich errichteten Anstalten dieser Art als vom Staate genehmigt und daher als juristische Personen anzusehen sind. Daher spricht auch § 50 vom Erbrecht der Anstalt, weil diese ohne weiteres als juristische Person gilt, gerade so wie A.L.R. II 6 § 67 den Universitäten ohne Unterschied ihrer Gründungsart die Rechte der Korporation zuerkennt. Daß aber unter öffentlichen Anstalten nicht bloß auf freiwilligen Stiftungen beruhende, sondern auch der gesetzlichen, obligatorischen Armenpflege dienende Armenhäuser usw. zu verstehen sind, beweisen die §§ 16 ff., wo von den öffentlichen Landarmenhäusern die Rede ist, in welche Arme, die nicht anderweit versorgt werden, gebracht werden und über deren Einrichtung besondere, für jede Provinz abzufassende Reglements bestimmen sollen; auch diese Landarmenhäuser haben das gesetzliche Erbrecht des § 50.

Es mag dahingestellt bleiben, ob auch heute noch die von den gesetzlichen Trägern der Armenpflege und für die Zwecke der öffentlichen Armenpflege errichteten Anstalten selbständige Rechtssubjekte sind. Wir möchten die Frage bejahen, weil § 42 niemals aufgehoben, vielmehr durch A.G. z. B.G.B. Art. 89 ausdrücklich aufrecht erhalten ist und die Rechte moralischer Personen allen Armen- und anderen Versorgungsanstalten zuspricht, die vom Staate ausdrücklich oder stillschweigend genehmigt sind. Daß aber solche Anstalten der Armenverbände, die vom Staate mit der öffentlichen Armenpflege betraut sind und als Organe der öffentlichen Verwaltung unter staatlicher Aufsicht stehen, von ihm mindestens „stillschweigend" genehmigt sind, kann wohl kaum bestritten werden; man denke nur an die weitgehende Prüfung und Aufsicht, der sie der Staat heute durch seine Medizinalbeamten unterwirft. Allerdings versteht Koch (A.L.R. Anm. 62 zu II 19 § 42) und Förster-Eccius (Bd. IV § 285 S. 687) unter den Anstalten des § 42 nur „solche für sich bestehende Anstalten, deren juristische Persönlichkeit von der der Kommunen abgesondert ist," „die als selbständig zu verwaltende, also nicht dem Staate oder den Korporationen zustehende Anstalten, vom Staate genehmigt sind" [50].

Folgt man diesen unseren Ausführungen, so haben die Armenhäuser und sonstigen Anstalten auch der Armenverbände das gesetzliche Erbrecht des § 50 A.L.R.

Auf andere Weise kommt Simonsohn S. 142 zu demselben wirtschaftlichen, wenn auch nicht juristischen Resultat „die Armenverbände haben seit dem Armenpflegegesetz vom 31. Dezember 1842 die früher dem Staate resp. den Armenanstalten obliegende Pflicht der Armenpflege übernommen [51]

---

[50] Ob Förster-Eccius nur diesen Anstalten das Erbrecht des § 50 zubilligt, scheint zweifelhaft, da er diese Einschränkung in dem die Erbfolge auf öffentlichrechtlicher Grundlage behandelnden § 263 (Bd. IV S. 503) nicht macht; siehe aber S. 687. „Von dem Erbrecht der Armenanstalten ist bereits die Rede gewesen," nachdem vorher als Armenanstalten in diesem Sinne nur die selbständig zu verwaltenden erklärt sind. — So auch Brinckmann Heft 45 S. 50.

[51] Entscheidungen des Obertribunals Bd. 61 S. 334: „nach § 17 II 19 A.L.R. ist es eine Pflicht des Staates bzw. der Armenanstalten, jetzt, nach dem Erscheinen des Armenpflegegesetzes vom 31. 12. 1842, der Armenverbände für die Ernährung verarmter Bürger zu sorgen."

und sind auch in ihre Rechte eingetreten. Es ist daher unbedenklich — und entspricht auch der allgemeinen Ansicht —, § 50 ff. auf die Armenverbände, die den Bedürftigen Anstaltspflege gewähren, anzuwenden, gleichgültig, ob es sich um eigene oder fremde, öffentliche oder private Anstalten handelt."

Voraussetzung dieses Erbrechts ist, daß es den in die Anstalt Aufzunehmenden bekannt gemacht und, daß dieses geschehen, in einem von ihm mitunterzeichneten Protokoll bemerkt ist (§ 60 ff.).

Durch das Erbrecht der Anstalten werden die Verwandten in aufsteigender Linie, die Seiten=Verwandten und der Ehemann gänzlich ausgeschlossen; den ehelichen Kindern[52] und der Ehefrau verbleibt der Pflichtteil, letzterer auch, was sie nach den Ehepakten zu fordern hat, sofern sie nicht bei hinlänglichem Vermögen dem Hilfsbedürftigen die Unterstützung versagt hat (§ 51 ff.).

Liegen die Voraussetzungen des gesetzlichen Erbrechts nicht vor, so hat die Anstalt nur eine Nachlaßforderung; so wenn sie nicht zur unentgeltlichen Verpflegung, sondern bloß zur Heilung von Kranken bestimmt ist (§ 74), wenn kein ordnungsmäßiges Protokoll aufgenommen ist (§ 66)[53], wenn der Verpflegte die Anstalt vor seinem Tode freiwillig verlassen hat (§ 55). Waisenhäuser jedoch haben das Erbrecht an dem Vermögen ihrer ausgetretenen und vor erlangter Großjährigkeit[54] verstorbenen Zöglinge, das sie in das Waisenhaus gebracht oder während ihrer Verpflegung durch dasselbe erworben haben (§ 56—58). Dieses erweiterte Erbrecht erklärt sich leicht aus der Bestimmung der Waisenhäuser, ihre Insassen für das Leben außerhalb der Anstalt zu erziehen und nicht bis zu ihrem Tode zu verpflegen.

Eine folgerichtige Anwendung des § 50 enthält § 67 II 19 A.L.R.:

Wenn jemand nicht in die Anstalt selbst aufgenommen, sondern ihm nur Beiträge daraus zu seinem Unterhalte bis zu seinem Ableben gereicht werden: so kann nur der Ersatz dieser Beiträge aus seinem Nachlasse, soweit derselbe dazu hinreicht, gefordert werden.

„Weil das Gegebene nicht als geschenkt zu erachten ist", so begründet Koch (Anm. 79 zu § 67) diese Bestimmung, und er fährt fort: „Darum ist die Tatsache: wie die Einrichtung, durch welche die öffentliche Unterstützung ermittelt wird, beschaffen ist, ganz einflußlos auf den Grundsatz in betreff der Rückforderung; denn alle Einrichtung zum Zwecke der Armenpflege ist nichts als ein Mittel, mag dieses eine besondere zur Aufnahme

---

[52] Nach Dernburg (Preuß. Privatrecht Bd. III § 193 Anm. 22) ist ein analoges Recht dem unehelichen Kinde am Nachlaß der Mutter zuzugestehen.

[53] In diesen Fällen nur in Höhe der baren Auslagen und eines Kostgeldes.

[54] In § 56 ist gesagt: „vor zurückgelegtem 24. Lebensjahre"; daß damit aber das Alter der Großjährigkeit gemeint ist, also jetzt das 21. Lebensjahr, geht aus § 58 hervor: nach einer im Waisenhaus erzogenen, verheirateten Frauensperson fällt, „auch wenn dieselbe vor erlangter Großjährigkeit verstorben wäre", das Erbrecht der Anstalt weg. So auch Förster=Eccius, Bd. IV § 263 Anm. 8, Rehbein und Reinke, A.L.R. Anm. zu § 56 II. 19, Schäfer S. 114 Anm. 19. Dernburg (Preuß. Privatrecht Bd. III S. 193 Anm. 16) dagegen hält an dem Wortlaut des § 56 fest.

III. Erstattungsanspruch an den Nachlaß.

Verarmter eingerichtete Anstalt, oder nur ein zur Unterstützung bleibend bestimmter Fonds ohne Einrichtung zur Naturalverpflegung sein."

Auch das Obertribunal (Striethorst, Archiv Bd. IV S. 90) dehnt den § 67 auf die Gemeinden aus, die ohne Armenhaus ihre Armenpflege aus Armenfonds besorgen. Förster=Eccius (II § 148 Anm. 22) billigt diese Rechtsprechung, während das Reichsgericht (bei Gruchot Bd. 24 S. 514) den § 67 nur auf den „Fall einer von einer besonders eingerichteten Armenanstalt gewährten Unterstützung" bezieht. Die Begründung Kochs müßte folgerichtig dahin führen, alle nach dem A.L.R. der Anstalt zustehenden Rechte auf den Armenverband auszudehnen, insbesondere ihm ein Erbrecht nach den in offener Armenpflege bis zu ihrem Tode Unterstützten zuzuerkennen, zum mindesten wenn diese Unterstützung gleich der Anstalt ihm die Verpflegung, d. h. den ganzen Lebensunterhalt gewährleistete. Es scheint auch, daß Koch aus dem von ihm dem § 67 zugrunde gelegten Prinzip: „Unterstützung kein Geschenk" die weitesten Folgerungen zieht; denn er schließt die Erläuterungen zu § 67: „Eine Rückforderung findet auch gegen den Benefiziaten selbst statt, wenn er in gute Vermögensverhältnisse kommt".

Die Tragweite des § 67 ist wie nach der positiven, so auch nach der negativen Seite bestritten. In der Bestimmung des § 67, daß der Ersatz der außerhalb der Anstalt gegebenen Beiträge nur aus dem Nachlaß, soweit derselbe hinreicht, gefordert werden kann, sieht Schäfer (S. 115) den „Ausdruck eines allgemeinen Prinzips, daß eine persönliche Haftung der Erben, auch wenn diese ohne Vorbehalt angetreten haben, niemals eintreten soll, daß vielmehr der Armenverband, mag er Erbe oder Nachlaßgläubiger sein, sich immer nur an den Nachlaß halten darf," — also nicht nur, wenn die Unterstützung bis zum Tode gedauert hat. Denn „es würde sich durch keine inneren Gründe rechtfertigen lassen, wenn derjenige Armenverband, welchem die Fürsorge für den Hilfsbedürftigen vor dem Ableben des letzteren wieder abgenommen ist, günstiger gestellt wäre als der Armenverband, der die Unterstützung bis zum Ableben des Hilfsbedürftigen hat fortsetzen müssen."

Simonsohn (S. 143) dagegen will gemäß dem Wortlaut des § 67 seine Tragweite auf den Nachlaß des bis zum Tode Unterstützten beschränken. Darüber, daß, wo nach dem Gesetz die Erstattung aus dem Nachlaß gefordert werden kann, die Haftung nie darüber hinausgeht, sind beide einig; doch ist auch diese Ansicht nicht unbestritten, indem das Obertribunal (Entsch. Bd. XI S. 411 im Gegensatz zu sonstigen Entscheidungen) und Dernburg (Preuß. Privatrecht Bd. III § 193) den Erben, der die Erbschaft ohne Vorbehalt angetreten hat, unbeschränkt, auch über den Nachlaß hinaus, haften lassen.

Für Berlin deklariert das Hofreskript[55] vom 2. Juli 1801 zu II die Vorschrift des A.L.R. II 19 § 67 A.L.R. dahin, „daß dem hiesigen Armendirektorium . . . nach wie vor ein Erbrecht auf den Nachlaß solcher Personen zustehen soll, welchen, ohne in einer Armenanstalt aufgenommen

---

[55] Über die Gesetzeskraft der Hofreskripte — im Gegensatz zu den Ministerialreskripten — siehe Entscheidungen des Obertribunals Bd. XXIV S. 297.

zu sein, bis zu ihrem Ableben aus der Armenkasse Almosen gereicht werden". Auch diese Deklaration ist gemäß dem Vorbehalt des E.G. zum B.G.B. Art. 103 aufrecht erhalten. Das Gleiche gilt für das Erbrecht des Armenverbandes Erfurt nach den in offener Armenpflege Verstorbenen auf Grund des Kurfürstlich Mainzeschen Ediktes am 10. Februar 1796[56].

In dem ehemals gemeinrechtlichen Gebiet hat nach Dernburg (Pandekten 6. Aufl. Bd. III § 138 zu 3c, Preuß. Privatrecht Bd. III § 193 S. 559), Windscheid (Pandekten 9. Aufl. herausgegeben von Kipp, § 570 Anm. 7), Glück (Lehre von der Intestaterbfolge § 204) die Armen- und Verpflegungsanstalt ein auf Gewohnheitsrecht beruhendes Erbrecht an dem vakanten Nachlaß der bis zum Tode in ihnen Verpflegten[57].

Dieses Gewohnheitsrecht ist aufrecht erhalten, denn Gesetz im Sinne des E.G. z. B.G.B. ist nach Artikel 2 daselbst jede Rechtsnorm, also auch das Gewohnheitsrecht.

---

[56] Mitteilung des Magistrats Erfurt, vgl. Anhang.

[57] Schäfer (S. 112) irrt, wenn er für das gemeine Recht ein Erbrecht der Anstalt an den Nachlaß ganz allgemein, also auch beim Vorhandensein von erbberechtigten Angehörigen, behauptet. Im ehemaligen Geltungsgebiete des französischen Rechts bestehen keine Sondervorschriften über das Recht des Armenverbandes am Nachlaß.

IV. Die Erstattung von Unterstützungen durch die Angehörigen der Unterstützten.

Aus dem Grundsatz des U.W.G. § 61 Abs. 1:

Durch die Bestimmungen dieses Gesetzes werden Rechte und Pflichten nur zwischen den zur Gewährung öffentlicher Unterstützung nach Vorschrift dieses Gesetzes verpflichteten Verbänden (Orts=, Landarmenverbänden, Bundesstaaten) begründet; —

aus diesem Grundsatz zieht das Gesetz selbst in Abs. 2 den Schluß:

Daher werden die auf anderen Titeln (Familien= und Dienstverhältnis, Vertrag, Genossenschaft, Stiftung usw.) beruhenden Verpflichtungen, einen Hilfsbedürftigen zu unterstützen, von den Bestimmungen dieses Gesetzes nicht betroffen.

Diese Bestimmung entspricht auch dem Begriff der Hilfsbedürftigkeit und der Unterstützung im armenrechtlichen Sinne. Hilfsbedürftig ist, wer nicht hinreichende Kräfte besitzt, um sich und seinen nicht arbeitsfähigen Angehörigen den notdürftigen Unterhalt zu verschaffen, und solchen weder aus eigenem Vermögen bestreiten kann, noch von einem dazu verpflichteten Verwandten erhält (§ 4 des Reichsgesetzes über die Freizügigkeit)[58]. Die öffentliche Unterstützung tritt für einen solchen Hilfsbedürftigen ein, um ihn vor der äußersten Not zu schützen, und sie tut das im öffentlichen Interesse; dritte, zur Unterstützung des Hilfsbedürftigen Verpflichtete zu entlasten, ist nicht ihre Absicht und Aufgabe. Hieraus folgt, daß „die privatrechtlich Verpflichteten dem Armenverband zur Erstattung des von letzterem in Erfüllung seiner öffentlichrechtlichen Pflicht Geleisteten verhaftet sind" (Entsch. des Reichsgerichts in Zivilsachen Bd. 17 S. 226).

Diese Folgerung zieht das U.W.G. selbst in § 62:

Jeder Armenverband, welcher nach Vorschrift dieses Gesetzes einen Hilfsbedürftigen unterstützt hat, ist befugt, Ersatz derjenigen Leistungen, zu deren Gewährung ein Dritter aus anderen, als den durch dieses Gesetz

---

[58] Daß dieser Tatbestand die Notwendigkeit der öffentlichen Unterstützung, d. h. den Zustand der Hilfsbedürftigkeit begründet, geht aus § 5 des Freizügigkeitsgesetzes hervor, wo die „sich nach dem Anzuge offenbarende Notwendigkeit der öffentlichen Unterstützung" derjenigen gegenübergestellt wird, die bei dem neu Anziehenden besteht (§ 4). Vgl. Wohlers=Krech, Anm. 6a zu § 28 U.W.G.

IV. Die Erstattung von Unterstützungen durch die Angehörigen der Unterstützten.

begründeten Titeln verpflichtet ist, von dem Verpflichteten in demselben Maße und unter denselben Voraussetzungen zu fordern, als dem Unterstützten auf jene Leistungen ein Recht zusteht.

Der Einwand, daß der unterstützende Armenverband den Ersatz von einem anderen Armenverbande zu fordern berechtigt sei, darf demselben hierbei nicht entgegengestellt werden.

Der zweite Absatz des § 62 gibt lediglich den Gedanken wieder, daß der zur Unterstützung aus anderem Titel Verpflichtete keinerlei Rechte aus dem Verhältnis der Armenverbände untereinander herleiten kann (vgl. Eger zu § 62 Anm. 196).

Der erste Absatz aber gibt dem Armenverband einen bestimmten gesetzlichen Titel, auf den sich sein Anspruch gegen den Verpflichteten gründet. Nach § 62 Abs. 1 gehen die Ansprüche des Unterstützten gegen dritte Verpflichtete auf den Armenverband über, und zwar „kraft einer Zession durch Gesetz" (Stenograph. Berichte des Reichstags 1870 Bd. 4 S. 590; vgl. Schäfer S. 231; Entsch. des Reichsgerichts in Zivilsachen Bd. 2 S. 47 und Bd. 19 S. 187).

Dadurch wird die Frage gegenstandslos, ob dieser Anspruch sich auch auf einen privatrechtlichen Titel, auf rechtlose Bereicherung oder Geschäftsführung ohne Auftrag stützen ließe. Beide Fundamente wird verwerfen, wer das Hauptgewicht darauf legt, daß der Armenverband kraft öffentlichen Rechtes zur Unterstützung verpflichtet war (so Plank Anm. 2 b zu Art. 203 E.G. z. B.G.B.). Geschäftsführung ohne Auftrag wird außerdem nicht anerkennen, wer annimmt, daß der Armenverband ausschließlich seine eigene Angelegenheit wahrnimmt und nicht für den Unterhaltspflichtigen handelt[59]. Denn das U.W.G. selbst gibt dem Armenverband kraft öffentlichen Rechts einen Anspruch gegen den verpflichteten Dritten und bedarf nicht erst einer privatrechtlichen Ableitung desselben, insbesondere nicht aus dem B.G.B., da nach Art. 32 E.G. dazu die Vorschriften der Reichsgesetze in Kraft geblieben sind.

Unberührt geblieben sind nach Art. 103 E.G. z. B.G.B. auch die landesgesetzlichen Vorschriften, nach welchen die Armenverbände Ersatz ihrer Aufwendungen von denjenigen verlangen können, welche nach den Vorschriften des B.G.B. unterhaltspflichtig waren. Freilich hat dieser Vorbehalt zugunsten des Landesrechts in bezug auf den Kreis der Erstattungspflichtigen im allgemeinen keine Bedeutung; denn er läßt die landesgesetzlichen Vor-

---

[59] Riedner (Anm. 3 zu Art. 103 E.G. z. B.G.B.) meint, Geschäftsführung ohne Auftrag würde nicht vorliegen, wenn der unterstützende Verband von der Existenz eines primär Verpflichteten keine Kenntnis gehabt habe. Greve (S. 51) hält diese Kenntnis für gleichgültig, denn der Armenverband unterstütze für Rechnung desjenigen, den es angehe; Brinkmann (Heft 45 S. 30) scheint dasselbe anzunehmen, indem er allgemein sagt: „Der unterstützende Armenverband besorgt die Geschäfte des Unterhaltspflichtigen." Zum mindesten aber träfe dies dann nicht zu, wenn die den Willen des Armenverbandes verfassungsmäßig vertretenden Armenverbände irrigerweise positiv annähmen, daß kein verpflichteter Dritter da sei; denn nach B.G.B. § 687 finden die Vorschriften über die Geschäftsführung ohne Auftrag keine Anwendung, wenn jemand ein fremdes Geschäft in der Meinung besorgt, daß es sein eigenes sei.

IV. Die Erstattung von Unterstützungen durch die Angehörigen der Unterstützten.

schriften über den Ersatz der Unterstützung nur durch die nach dem B.G.B. Verpflichteten bestehen, nicht aber diejenigen Vorschriften, die den Kreis der Erstattungs-, weil Unterhaltspflichtigen weiter zogen, als das B.G.B. es tut. Damit ist die Erstattungspflicht der Geschwister beseitigt, die in den landrechtlichen Gebieten Preußens bestand (A.L.R. II 3 § 15).

Dagegen haben einzelne Landesgesetze (z. B. Elsaß-Lothringen A.G. z. U.W.G. § 39) die Erstattungspflicht auf diejenigen Unterhaltspflichtigen beschränkt, die ohne Gefährdung ihres standesmäßigen Unterhalts zur Ersatzleistung in der Lage sind, — also auch wenn sie nach B.G.B. unbeschränkt unterhaltspflichtig sind.

Da der Unterhaltsanspruch des Unterstützten gegen seine Angehörigen dem Privatrecht angehört, so macht auch der Armenverband einen **privatrechtlichen** Anspruch gegen den Unterhaltspflichtigen geltend, wenn er auch kraft **öffentlichen Rechts** Zessionar dieses Anspruches geworden ist. Daher ist es selbstverständlich, daß für die Erstattungsforderung die ordentlichen Gerichte zuständig sind, soweit nicht — wie für Sachsen-Meiningen (Art. 29 A.G. z. U.W.G.) und, falls der Verpflichtungs**grund** unbestritten oder durch richterliche Entscheidung festgestellt ist, für beide Mecklenburg (§ 7 A.V. z. U.W.G.) — das Gegenteil ausdrücklich festgesetzt ist[60]. Die ausdrückliche Anordnung des Rechtsweges für die Klage des Armenverbandes auf Erstattung der **gewährten** Unterstützung gegen den Dritten in vielen Landesgesetzen (z. B. Preußen A.G. z. U.W.G. § 68, Württemberg A.G. z. B.G.B. Art. 48, Bremen Ges. vom 4. September 1884 § 6, Elsaß-Lothringen A.G. z. U.W.G. § 38) verdankt ihren Ursprung nur dem Gegensatz zu den Bestimmungen über die **laufende Unterstützung**, zu deren Leistung die zum Unterhalt des Hilfsbedürftigen gesetzlich Verpflichteten meist im Verwaltungswege angehalten werden können (so Preußen a. a. O. §§ 65 und 67, Oldenburg §§ 3 und 5, Braunschweig § 32, Sachsen-Meiningen Art. 29 A.G. z. U.W.G., Bremen Ges. vom 4. September 1884 § 2, Hamburg Ges. über das Armenwesen § 20); aber auch in diesem Falle ergeht die Anordnung im Verwaltungswege vorbehaltlich der Entscheidung im ordentlichen Rechtsweg.

Nach § 412 B.G.B. finden auf die Übertragung von Forderungen kraft Gesetzes die Vorschriften der §§ 399—404, 406—410 über die Übertragung von Forderungen durch Vertrag entsprechende Anwendung. Durch die Natur der übertragenen Forderung aus der gesetzlichen Unterhaltspflicht selbst ist jedoch die Anwendung des § 406 ausgeschlossen, wonach der Schuldner eine ihm gegen den bisherigen Gläubiger zustehende Forderung auch dem neuen Gläubiger gegenüber aufrechnen darf; denn nach § 850 Z.P.O. sind die auf gesetzlicher Vorschrift beruhenden Unterhaltsforderungen der Pfändung nicht unterworfen, und nach § 394 B.G.B. findet gegen eine der Pfändung nicht unterworfene Forderung die Aufrechnung nicht statt. Da nun der Unterhaltsanspruch auf den Armenverband unter den Voraussetzungen und in dem Maße übergeht, wie er dem Unterstützten zustand, so

---

[60] Darüber, daß die Zuständigkeit des Verwaltungsverfahrens an dem zivilrechtlichen Charakter des Anspruchs nichts ändert, vgl. oben S. 6.

3*

kann auch dem Armenverband gegenüber der Unterhaltspflichtige nicht mit einer Forderung gegen den Unterstützten — und ebensowenig mit einer solchen gegen den Armenverband selbst — aufrechnen.

Auf die gesetzliche Zession des Unterhaltsanspruches trifft § 400 B.G.B. nicht zu, wonach eine unpfändbare Forderung nicht abgetreten werden darf; denn die dieser letzteren widersprechende Vorschrift des § 62 U.W.G., auf der jene Zession beruht, ist als Vorschrift eines Reichsgesetzes nach Art. 32 E.G. z. B.G.B. bestehen geblieben.

Ebenso besteht entgegen der Vorschrift des § 1613 B.G.B., wonach der Unterhaltsberechtigte für die Vergangenheit Erfüllung oder Schadenersatz wegen Nichterfüllung im allgemeinen nicht fordern kann, der Ersatzanspruch des Armenverbandes gegen den Unterhaltspflichtigen nach § 62 U.W.G. für diejenige Zeit, während welcher er den Unterhaltsberechtigten unterstützt hat, also für die Vergangenheit. Bei der klaren Bestimmung des Art. 32 E.G. z. B.G.B. bedarf es nicht erst der etwas mühseligen Konstruktion[61], daß der Armenverband im Augenblick der Unterstützung den Unterhaltsanspruch des Hilfsbedürftigen gegen den Unterhaltspflichtigen erwirbt, und daß er gegen letzteren den in diesem Augenblick, also für die Gegenwart bestehenden Anspruch geltend macht. Klarer wäre allerdings die Bestimmung des § 62, wenn sie lauten würde:

Jeder Armenverband, welcher einen Hilfsbedürftigen unterstützt hat, ist befugt, Ersatz der Leistungen ... von dem Verpflichteten in demselben Maße ... zu fordern, als dem Unterstützten auf jene Leistungen ein Recht zustand —

nämlich im Augenblick der Unterstützung zustand; denn alle Dialektik kann die Tatsache nicht wegdisputieren, daß der Armenverband, indem er den Ersatz gewährter Unterstützung von dem Unterhaltspflichtigen verlangt, eine Unterhaltsforderung für die Vergangenheit geltend macht. Art. 103 E.G. z. B.G.B. vermeidet denn auch jene Unklarheit, indem er einen Vorbehalt für die landesgesetzlichen Vorschriften gibt, nach welchen die aus öffentlichem Recht Unterhaltspflichtigen Ersatz seiner Aufwendungen von denjenigen verlangen können, „welche nach den Vorschriften des B.G.B. unterhaltspflichtig waren", — deren Unterhaltspflicht im Augenblick der Aufwendungen bestand. Daß aber auch § 62 U.W.G. nichts anderes sagen will, geht klar aus der Begründung (Stenogr. Berichte Bd. 4 S. 590) hervor, in der es heißt: „Es folgt aus dem Endzweck der Bestimmung (des jetzigen § 62), daß der Einwand, es bedürfe der Unterstützung nicht, weil

---

[61] Bei Schäfer (S. 232), Brinkmann (Heft 45 S. 34), Greve (S. 45). Pretsch (Preuß. Verwaltungsblatt, 28. Jahrg. S. 849 f.) sieht in dem Erstattungsanspruch aus § 62 U.W.G. um deswillen, weil für ihn § 1613 B.G.B. nicht gilt, nicht den durch cessio legis auf den Armenverband übergegangenen Anspruch des Unterstützten, sondern einen selbständigen, materiell durch § 62 begründeten Anspruch des Armenverbandes. Umgekehrt folgert ein Urteil des Oberlandesgerichts Hamm vom 9. Oktober 1908 (Preuß. Verwaltungsblatt, 30. Jahrg. S. 237 f.) aus dem Übergang des Anspruchs des Unterhaltspflichtigen auf den Armenverband, daß auch letzterer gemäß § 1613 B.G.B. nicht für die Vergangenheit Ersatz verlangen könne.

IV. Die Erstattung von Unterstützungen durch die Angehörigen der Unterstützten.

sie bereits tatsächlich gewährt sei, — für ... unzulässig erklärt werden muß"; und das ist zweifellos richtig: da der Armenverband im Augenblick der Hilfsbedürftigkeit eingreifen muß, durch sein Eingreifen aber den Unterhaltspflichtigen weder entlasten will noch soll, so muß er von letzterem Ersatz seiner Aufwendungen für die Vergangenheit fordern können.

Aus dem eben Ausgeführten ergibt sich, daß der Ersatzanspruch des Armenverbandes im Augenblick der Unterstützung entsteht: in diesem Augenblick muß also auch die Unterhaltspflicht des in Anspruch Genommenen gegenüber dem Unterstützten bestanden haben. Den Beweis hierfür hat der Armenverband zu führen, da sich sein Anspruch darauf gründet. Ferner hat der Armenverband zu beweisen, daß er den Unterhaltsberechtigten nach Vorschrift des U.W.G., d. h. auf Grund armenrechtlicher Hilfsbedürftigkeit, in dem vom Gesetz gebotenen Umfange und auf Grund der ihm, dem Armenverbande, obliegenden Verpflichtung, unterstützt hat; denn durch diese Unterstützung geht der Anspruch des Unterhaltsberechtigten gegen den Unterhaltsverpflichteten auf den Armenverband über, erlangt also letzterer den Anspruch, wird er aktiv legitimiert.

Da der Unterhaltsanspruch für die Vergangenheit geltend gemacht wird, die nachträgliche Gewährung von Unterhalt selbst aber nicht möglich ist, so geht der Anspruch gegen den Unterhaltspflichtigen nicht auf Erfüllung seiner Unterhaltspflicht, sondern auf Schadenersatz wegen Nichterfüllung, und der Schuldner hat den Armenverband in Geld zu entschädigen (§ 251 B.G.B.), selbst da, wo die Unterhaltspflicht, wie z. B. die des Ehemannes, in erster Reihe auf andere Art zu erfüllen ist, und auch wenn der Armenverband den Unterhaltsberechtigten nicht durch Geld, sondern durch Gewährung von Lebensmitteln, Obdach, Anstaltspflege oder auf andere Weise unterstützt hat[62]. Die Höhe oder den Wert der Unterstützung hat er ebenfalls nachzuweisen, denn nur in dem Umfange seiner Leistungen geht der Unterhaltsanspruch des Unterstützten auf ihn über. Er kann also weder mehr, als Erstattung seiner Leistungen fordern, auch wenn der Unterhaltsanspruch des Berechtigten über ihren Rahmen hinaus begründet ist, noch mehr, als der Verpflichtete aus seiner Unterhaltspflicht zu leisten hat, mag er selbst auch eine höhere Unterstützung gewährt haben.

Es ginge über den Rahmen dieser Arbeit hinaus, die gesetzliche Unterhaltspflicht der Angehörigen nach dem B.G.B. im einzelnen darzustellen. Es mag genügen, die für den Erstattungsanspruch des Armenverbandes hauptsächlich in Frage kommenden Bestimmungen über sie und diejenigen Modifikationen zu erwähnen, die sie infolge der Besonderheit der öffentlichen Unterstützung erleiden.

1. **Unterhaltsberechtigt gegenüber Verwandten ist nur, wer außerstande ist, sich selbst zu unterhalten** (§ 1602 B.G.B.); diese Voraussetzung hat, wie derjenige, der für sich den Unterhalt fordert, so auch der Armenverband zu beweisen. Der Unterhaltsanspruch der **Ehefrau** gegen den Mann (§ 1360) und des **unehelichen Kindes** gegen den Vater (§ 1715) ist von einer solchen Voraussetzung nicht abhängig; da aber der

---

[62] So auch Greve S. 38 u. 42.

Armenverband nach dem U.W.G. nur für einen **Hilfsbedürftigen** eintreten darf, so hat auch in diesen Fällen der Armenverband die Unfähigkeit des Unterstützten, sich selbst zu unterhalten, nachzuweisen — nicht als Voraussetzung des Unterhaltsanspruchs, sondern seines Überganges auf den Armenverband.

2. **Unterhaltspflichtig** sind Verwandte in gerader Linie, das sind Personen, deren eine von der anderen abstammt (§§ 1601, 1589), der Ehegatte (§ 1608) und der Vater des unehelichen Kindes (§ 1708).

a) Von **Verwandten** ist nicht unterhaltspflichtig, wer bei Berücksichtigung seiner sonstigen Verpflichtungen außerstande ist, ohne Gefährdung seines standesmäßigen Unterhalts den Unterhalt zu gewähren (§ 1603 Abs. 1); diese die Unterhaltspflicht vernichtende Tatsache hat der in Anspruch Genommene zu beweisen. Jedoch sind Eltern, auch wenn ihr standesmäßiger Unterhalt dadurch gefährdet wird, ihren minderjährigen unverheirateten Kindern gegenüber verpflichtet, alle verfügbaren Mittel zu ihrer und ihrer Kinder Unterhalt gleichmäßig zu verwenden, falls nicht ein anderer unterhaltspflichtiger Verwandter vorhanden ist (§ 1603 B.G.B. Abs. 2); diese Bestimmung ist namentlich für den Armenverband, der vom Vater verlassene Minderjährige unterstützen muß, sehr wichtig und günstig, weil der Vater dem Erstattungsanspruch des Armenverbandes nicht entgegensetzen kann, daß er, falls er für seine Kinder gesorgt hätte, seinen eigenen Unterhalt gefährdet haben würde.

Die Abkömmlinge sind vor den Verwandten in aufsteigender Linie, unter diesen der nähere vor dem entfernteren, unterhaltspflichtig, der Vater vor der Mutter, außer wenn ihr die Nutznießung am Vermögen des Kindes zusteht[63] (§ 1606), der Gatte vor den Verwandten, soweit er nicht durch die Gewährung des Unterhalts den eigenen standesmäßigen Unterhalt gefährden würde (§ 1608). An Stelle des gemäß § 1603 nicht unterhaltspflichtigen Verwandten hat der nach ihm haftende Verwandte den Unterhalt zu gewähren; das Gleiche gilt, wenn die Rechtsverfolgung gegen den zunächst Verpflichteten im Inland ausgeschlossen oder erheblich erschwert ist (§§ 1607, 1608), — eine Bestimmung, die für den Armenverband namentlich dann praktisch sein wird, wenn der Vater die Familie verlassen hat und ausgewandert oder nicht aufzufinden ist. Dem Armenverbande, der auf Grund dieser Bestimmungen den entfernteren vor dem näheren Verwandten, den Aszendenten vor den Deszendenten, die Mutter vor dem Vater, den Verwandten vor dem Ehegatten in Anspruch nimmt, liegt der Beweis der Tatsache ob, aus der er die Abweichung von der regelmäßigen Reihenfolge herleitet.

Der Unterhaltsanspruch erlischt mit dem Tode des Berechtigten oder Verpflichteten.

b) Der **Ehemann** ist seiner Frau gegenüber unbedingt unterhaltspflichtig, die Frau dagegen dem Manne gegenüber nur, wenn er außerstande ist, sich selbst zu unterhalten (§ 1360 Abs. 1 und 2).

---

[63] Nur darauf kommt es an, daß der Mutter der Nießbrauch am Kindesvermögen rechtlich zusteht (§§ 1684, 1685 Abs. 2); tatsächlich wird sie ihn in den hier in Betracht kommenden Fällen, bei Hilfsbedürftigkeit des Kindes, mangels eines Vermögens desselben kaum jemals ausüben können.

Leben die Ehegatten getrennt, so fällt die Unterhaltspflicht des Mannes fort oder beschränkt sich auf einen Beitrag, wenn der Wegfall oder die Beschränkung mit Rücksicht auf die Bedürfnisse und die Vermögens- und Erwerbsverhältnisse der Ehegatten der Billigkeit entspricht; das gilt jedoch nur für den Fall, daß einer der Ehegatten die Herstellung des ehelichen Lebens verweigern darf und verweigert (§ 1361), also nicht wenn die Trennung ungerechtfertigt ist.

Bei geschiedener Ehe hatte der allein für schuldig erklärte dem hilfsbedürftigen Teil Unterhalt zu gewähren (§ 1578); ist die Scheidung wegen Geisteskrankheit eines Ehegatten erfolgt, so ist der andere Ehegatte unterhaltspflichtig (§ 1583).

c) Der Vater des unehelichen Kindes hat diesem bis zur Vollendung des 16. Lebensjahres den der Lebensstellung der Mutter entsprechenden Unterhalt zu gewähren (§ 1708 Abs. 1); für den Armenverband kommt die Lebensstellung der Mutter nicht in Betracht, da er nur den notwendigen Unterhalt zu gewähren hat, dessen Art und Umfang lediglich nach den Bedürfnissen des Kindes zu bemessen ist. Die Unterhaltspflicht des Vaters geht über das 16. Lebensjahr des Kindes hinaus, falls es nach Vollendung dieses Alters infolge körperlicher oder geistiger Gebrechen nicht imstande ist, sich selbst zu unterhalten, jedoch nur soweit der Vater durch den Unterhalt des Kindes nicht den eigenen standesgemäßen Unterhalt gefährden würde (§ 1708 Abs. 2), während er dem jüngeren unehelichen Kinde gegenüber unbedingt unterhaltspflichtig ist. Seine Unterhaltspflicht geht derjenigen der Mutter und der mütterlichen Verwandten vor (§ 1709).

Auch der Mutter gegenüber hat der Vater des unehelichen Kindes eine beschränkte Unterhaltspflicht — nämlich für die ersten sechs Wochen nach der Entbindung (§ 1715). Diese Pflicht sowie die des Ersatzes der Kosten, die für die Entbindung oder infolge derselben oder der Schwangerschaft entstehen, ist für den Armenverband von Wichtigkeit, der oft arbeitsunfähige Schwangere unterstützen und solche, die am Ort keine Angehörigen haben, in Anstalten aufnehmen muß; ebenso in den zahlreichen Fällen, wo von der Entbindung Schäden zurückbleiben, die die Arbeitsfähigkeit wesentlich vermindern oder ganz aufheben.

3. Der Unterhaltsanspruch der Verwandten und im allgemeinen des Ehegatten erlischt mit dem Tode des Verpflichteten (§§ 1615, 1360); der des unehelichen Kindes jedoch bleibt bestehen (§§ 1712), ebenso der des geschiedenen Gatten, wenn der andere Teil allein für schuldig erklärt ist oder die Scheidung wegen Geisteskrankheit des ersteren erfolgte (§§ 1582 Abs. 1, 1583).

Durch den Tod des Berechtigten wird der Anspruch des Armenverbandes gegen den Verpflichteten nicht berührt, da der Armenverband nur Schadenersatz wegen Nichterfüllung für die Vergangenheit verlangt (§§ 1615, 1713), in der er den noch lebenden Berechtigten unterstützt hatte. Die Kosten der Beerdigung hat der Verpflichtete zu tragen und dem Armenverbande zu erstatten, soweit ihre Bezahlung nicht von den Erben des verstorbenen Berechtigten zu erlangen ist (Abs. 2 §§ 1615 und 1713).

40 IV. Die Erstattung von Unterstützungen durch die Angehörigen der Unterstützten.

4. Der **Umfang** der Unterhaltspflicht kommt für den Armenverband insofern nicht in Betracht, als er nur den **notwendigen** Unterhalt zu gewähren hat, wenn auch der Unterstützte von dem zivilrechtlich Verpflichteten den standesmäßigen (§ 1610) oder den Verhältnissen des einen Teiles (§ 1360) oder der Lebensstellung der unehelichen Mutter (§ 1708) entsprechenden Unterhalt zu fordern hat. Der Unterhalt umfaßt den gesamten Lebensbedarf, bei erziehungsbedürftigen Verwandten und dem unehelichen Kinde auch die Kosten der Erziehung und der Vorbildung zu einem Berufe (§ 1610 Abs. 2, 1708); der Anspruch auf diese Kosten geht auf den Armenverband gemäß § 62 U.W.G. nur soweit über, als gesetzlich zu den Aufgaben der Armenpflege [64] auch die Erziehung und Berufsvorbildung gehört.

5. Der Anspruch auf Rückstände von Unterhaltsbeiträgen **verjährt** in vier Jahren vom Schlusse desjenigen Jahres an, in welchem der Anspruch entstanden ist. Da der Armenverband nach § 62 U.W.G. durch die Unterstützung den Anspruch gegen den Unterhaltspflichtigen in demselben Maße und unter denselben Voraussetzungen erwirbt, als er dem Unterstützten zusteht, so verjährt auch sein Erstattungsanspruch in vier Jahren.

Anders Eger (Anm. 110 b, S. 287) und Greve (S. 53). Sie unterwerfen den Erstattungsanspruch des Armenverbandes „nach dem klaren Wortlaut des Gesetzes" dem § 30 a U.W.G.:

Erstattungs- und Ersatzansprüche, welche auf Grund dieses Gesetzes erhoben werden, verjähren in zwei Jahren vom Ablauf desjenigen Jahres ab, in welchem der Anspruch entstanden ist.

Wenn diese Vorschrift auf die Erstattungsansprüche der Armenverbände gegen dritte Unterhaltspflichtige zuträfe, so wäre der § 62 falsch formuliert; denn der Armenverband soll Ersatz der Leistungen, die er dem Unterstützten hat zukommen lassen, von dem Dritten ebenso fordern können, als es der Unterstützte selbst kann. Nun aber könnte der Dritte dem Unterstützten gegenüber nur die vierjährige Verjährung geltend machen, während der Armenverband, falls § 30 a hier zuträfe, ungünstiger stände und auf den Einwand des Dritten mit seiner Forderung zu einer Zeit nicht mehr durchdringen würde, in der es dem Unterstützten selbst noch gelänge — eine Verschiedenheit, die weder der Vorschrift des § 62 noch der Absicht entspräche, den Unterhaltspflichtigen durch das Eingreifen des Armenverbandes in keiner Weise zu entlasten.

Aber die Anwendung des § 30 a widerspricht auch dem in § 61 ausgesprochenen Grundsatze, daß durch die Bestimmungen des U.W.G. Rechte und Verbindlichkeiten nur zwischen den zur öffentlichen Unterstützung verpflichteten Verbänden begründet werden; danach regelt das U.W.G. nur die **öffentlichrechtlichen** Verhältnisse. Nun mag zugegeben werden, daß

---

[64] Nicht etwa der Zwangs-(Fürsorge-)erziehung, auch dann nicht, wenn der Armenverband ihre Kosten ganz oder teilweise zu tragen hat, denn sie ist keine Unterstützung im Sinne des U.W.G. Das hindert natürlich nicht, daß die jene Erziehung regelnden Gesetze den dieselbe ausführenden Organen einen Ersatzanspruch gegen den Unterhaltspflichtigen geben.

IV. Die Erstattung von Unterstützungen durch die Angehörigen der Unterstützten. 41

§ 62 mit § 61 nicht ganz zu vereinigen ist — immerhin enthält auch § 62 öffentliches Recht, kraft dessen der Armenverband den privatrechtlichen Unterhaltsanspruch erwirbt —; aber jedenfalls verbietet § 61 die Anwendung der Vorschriften des U.W.G. auf Rechtsverhältnisse Dritter, nicht zu den unterstützungspflichtigen Verbänden Gehöriger, soweit das Gesetz nicht, eben in § 62, ausdrücklich solche Dritte betrifft.

Auch nach seiner Begründung endlich ist § 30a ausschließlich für die Ansprüche der Armenverbände gegeneinander bestimmt (Eger Anm. 110a, Schäfer S. 240).

Man wird Schäfer freilich kaum Recht darin geben können, daß der Wortlaut des § 30a U.W.G. eher gegen als für seine Anwendung auf den Anspruch des Armenverbandes gegen den Unterhaltspflichtigen spreche. Schäfer meint (S. 239): die Worte „Erstattungs- und Ersatzansprüche, welche auf Grund dieses Gesetzes erhoben werden", sagten dasselbe, wie „Ansprüche, welche durch dieses Gesetz begründet werden", und der Anspruch des Armenverbandes gegen den Dritten, werde durch das U.W.G. nicht begründet, sondern nur auf ersteren übertragen. Dagegen ist zu sagen: Erhoben wird der Anspruch von dem Armenverbande doch auf Grund des U.W.G., denn dieses erst gibt ihm durch § 62 die Legitimation zur Klage; und so spricht der Wortlaut des § 30a allerdings eher für als gegen seine Anwendung auf den Anspruch des Armenverbandes gegen den Dritten. Aber § 61 U.W.G. und die zweifellose Absicht des Gesetzgebers, die zugleich allein der Logik entspricht, nämlich die, den Dritten, der seiner Unterhaltspflicht nicht nachgekommen ist, durch das Eingreifen des Armenverbandes nicht zu entlasten, zwingen zu der dem Wortlaut nicht genau entsprechenden Auslegung.

Auch das Reichsgericht hat in einer Entscheidung des vierten Zivilsenats vom 23. Dezember 1909 (Juristische Wochenschrift Bd. 39, 1910 S. 143 ff., und Entscheidungen in Zivilsachen Bd. 72 S. 334 ff.) die hier vertretene Ansicht ausgesprochen, daß zweijährige Verjährung des § 30a für Ersatzansprüche der Armenverbände gegen Dritte nicht zutrifft.

6. Da der Armenverband nach § 62 U.W.G. Ersatz seiner Leistungen in demselben Maße verlangen kann, als dem Unterstützten selbst gegen den Unterhaltspflichtigen ein Recht auf jene Leistungen zusteht, so sind der Pfändung durch ihn auch diejenigen Forderungen unterworfen, die der Pfändung seitens anderer Gläubiger als des Unterhaltspflichtigen entzogen sind. Daher unterliegen dem Zugriff des Armenverbandes der Arbeits- und Dienstlohn des Unterhaltspflichtigen für die Zeit nach Erhebung der Klage und für das vorhergehende Vierteljahr (R.G. vom 21. Juni 1869 § 4 Nr. 3) und ohne Rücksicht auf ihre Höhe die in § 850 Z.P.O. unter Nr. 7 und 8 aufgeführten Pensionen und Diensteinkünfte (Absatz 4 ebenda).

V. Zusammentreffen mehrerer Armenverbände.

Das U.W.G. unterscheidet die Pflicht der vorläufigen Unterstützung von der der Erstattung der Kosten hierfür und der Übernahme des Hilfs=bedürftigen. Die Pflicht der vorläufigen Unterstützung liegt demjenigen Ortsarmenverbande ob, in dessen Bezirk sich der Hilfsbedürftige bei Eintritt der Hilfsbedürftigkeit befindet (§ 28 u 60); die Pflicht der Erstattung oder Übernahme je nach Lage des Falles dem Armenverbande des Arbeits=ortes (§ 29), dem des Unterstützungswohnsitzes oder dem Landarmenverbande (§ 30). Beide Pflichten fallen tatsächlich zusammen, wo der vorläufig — zur Unterstützung — verpflichtete Armenverband zugleich der endgültig — zur Tragung der Kosten — verpflichtete ist, also wenn Aufenthaltsort einerseits und Arbeitsort oder Unterstützungswohnsitz anderseits sich decken; systematisch aber, nach der Konstruktion des Gesetzes, sind sie voneinander verschieden.

„Dem Hilfsbedürftigen steht bei Leistung der Unterstützung allein der Armenverband des Aufenthalts gegenüber; nur diesem erwächst daher aus der Unterstützung ein Anspruch auf Erstattung seiner Aufwendungen gegen den Unterstützten selbst und gegen dritte Personen, die jenem zu solchen Leistungen verpflichtet waren, wie sie ihm von dem Armenverbande gewährt worden sind — soweit überhaupt solche Ersatzansprüche nach dem Gesetz bestehen" (Entsch. des Bundesamts f. d. H. Heft 25 S. 124).

Demnach hat der endgültig erstattungspflichtige Armenverband als solcher aus § 62 U.W.G. keinen Anspruch gegen Dritte, insbesondere gegen den Unterhaltspflichtigen, da das Gesetz den Anspruch des Unterstützten gegen Dritte nur auf den unterstützenden Armenverband übergehen läßt. Umgekehrt kann auch der Dritte aus der Erstattungspflicht des endgültig verpflichteten Armenverbandes für sich keine Rechte herleiten; er darf nach ausdrücklicher Bestimmung des § 62 Abs. 2 dem gegen ihn erhobenen Erstattungsanspruch des unterstützenden Armenverbandes nicht den Einwand entgegenstellen, daß dieser den Ersatz von einem anderen Armenverband zu fordern berechtigt sei.

Das Gleiche muß von dem Einwande gelten, daß der vorläufig unter=stützende Armenverband von dem endgültig verpflichteten nicht Ersatz seiner vollen, sondern etwa nur den der tarifmäßigen Kosten verlangen könne, denn das wäre ein Einwand aus dem Rechte eines Dritten.

Ebensowenig stehen diese Einwände dem Unterstützten selbst zu. Denn das U.W.G. begründet Rechte und Verbindlichkeiten nur zwischen den ver=schiedenen Armenverbänden (§ 61), und irgendein unmittelbares, aus

V. Zusammentreffen mehrerer Armenverbände.

der Unterstützung entstehendes Rechtsverhältnis des Hilfsbedürftigen zu dem endgültig verpflichteten Armenverband ist weder durch das Unterstützungswohnsitzgesetz noch durch sonstige Rechtstitel geschaffen.

Dagegen können dem endgültig verpflichteten Armenverbande Ansprüche mittelbar, aus der Erstattung der Unterstützungskosten entstehen. Denn soweit er die Kosten dem zur vorläufigen Unterstützung verpflichteten Armenverbande erstattet, befreit er den aus anderem Rechtsgrunde dem unterstützenden Armenverbande gegenüber Erstattungspflichtigen von seiner Verbindlichkeit gegen jenen, ohne daß der Befreite darauf einen Anspruch hatte. Letzterer erlangt daher durch die Leistung des endgültig verpflichteten Armenverbandes eine Besserung seiner Vermögenslage ohne Rechtsgrund und ist ihm zur Herausgabe der Bereicherung oder zum Ersatz ihres Wertes verpflichtet (B.G.B. §§ 812, 818 Abs. 2).

Hier stehen der Annahme der ungerechtfertigten Bereicherung nicht diejenigen Bedenken gegenüber, die man gegen ihre Anwendung auf das Rechtsverhältnis zwischen dem unterstützenden Armenverband und dem Unterstützten erhebt; denn darüber läßt das Gesetz keinen Zweifel, daß der Hilfsbedürftige gegen den nicht unterstützungs-, sondern erstattungspflichtigen Armenverband keinerlei Ansprüche, sei es privater, sei es öffentlichrechtlicher Natur hat. Und ebenso kann keine Rede davon sein, daß der Unterstützte infolge der Konsumtion der Unterstützung dem Armenverbande gegenüber, der die Unterstützungskosten erstattet hat, nicht mehr bereichert und daher nicht ersatzpflichtig sei (B.G.B. § 818 Abs. 3). Denn soweit der Unterstützte überhaupt eine Ersatzpflicht gegen den unterstützenden Armenverband hat, bleibt er von dieser Pflicht durch die Leistung des erstattenden Armenverbandes auch nach Konsumtion der Unterstützung befreit und daher bereichert.

Soweit also der Unterstützte oder der unterhaltspflichtige Dritte dem vorläufig unterstützenden Armenverbande zur Erstattung verpflichtet war, und soweit der unterstützende durch den endgültig verpflichteten Armenverband befriedigt worden ist, hat letzterer Armenverband gegen den Unterstützten einen Erstattungsanspruch. Zur Begründung dieses Anspruchs hat danach der endgültig verpflichtete Armenverband nachzuweisen: erstens, daß und in welcher Höhe er an den vorläufig verpflichteten Armenverband geleistet hat, und zweitens, daß der in Anspruch Genommene in dieser Höhe dem vorläufig verpflichteten Armenverband gegenüber erstattungspflichtig war[65].

---

[65] Im Ergebnis ebenso Schäfer S. 111, Wohlers-Krech, Anm. 3 zu § 62.

VI. Statuten-Kollision.

Nicht nur die Regelung der Erstattungsansprüche gegen den Unterstützten und Dritte und an den Nachlaß ist den Landesgesetzen vorbehalten (E.G. z. B.G.B. Art. 103, 139), sondern auch der Umfang der den Armenverbänden obliegenden Unterstützungspflicht ist nicht reichsgesetzlich, sondern in den landesrechtlichen Ausführungen zum B.G.B.[66] geregelt. Aus diesem Rechtszustand ergeben sich mannigfache Statuten-Kollisionen, wenn der vorläufig und der endgültig verpflichtete Armenverband, der Wohnsitz oder Aufenthaltsort des Unterstützten oder des unterhaltspflichtigen Dritten verschiedenen Rechtsgebieten angehören. Welches Recht ist für die Erstattungspflicht maßgebend?

Zunächst scheidet für die Beantwortung dieser Frage nach dem zu V Gesagten das Recht des endgültig verpflichteten Armenverbandes aus, da sein Erstattungsanspruch durch den des vorläufig verpflichteten bestimmt wird. Es bleiben daher nur die Fälle zu prüfen, in denen der letztere, also der Armenverband, der den Hilfsbedürftigen unterstützt hat, und der Unterstützte oder der unterhaltspflichtige Dritte verschiedenen Rechtsgebieten angehören.

Das E.G. z. B.G.B. enthält nun zwar in den Art. 4 ff. Vorschriften für gewisse Fälle des internationalen Privatrechts. Aber abgesehen davon, daß es sehr zweifelhaft ist, wie weit diese Vorschriften auf Kollisionen von deutschen Landesgesetzen untereinander anzuwenden sind (Dernburg, Bürgerliches Recht, Bd. I, § 35 VIII, Endemann, Einführung in das Studium des B.G.B. 3. Aufl. Bd. I S. 62, Niedner, E.G. z. B.G.B. S. 10 ff. u. a. m.), finden sich unter diesen Vorschriften solche nicht, die auf die hier in Frage kommenden Rechtsverhältnisse zutreffen. Die Statuten-Kollision in diesen Fällen ist daher, da auch die Landesgesetze selbst keine Bestimmung enthalten, nach der sie zu entscheiden wäre, nach allgemeinen Grundsätzen zu regeln.

1. Kollision zwischen dem Rechte des Armenverbandes und dem des Unterstützten.

Diejenigen Landesrechte, welche die Unterstützung als Darlehen oder Vorschuß bezeichnen, konstruieren zwischen dem Armenverbande und dem Unterstützten ein vertragsähnliches Verhältnis, das, soweit das Gesetz nichts

---

[66] Zusammengestellt bei Krech, Anhang A.

anderes bestimmt — wie z. B., daß der Empfänger zur Rückzahlung nur bei verbesserter Vermögenslage verpflichtet sei —, nach den Vorschriften für das Darlehen zu beurteilen ist. Für dieses ist mangels besonderer Bestimmungen das Recht des Ortes maßgebend, an dem es durch Hingabe und Annahme entstanden ist; demnach entscheidet bezüglich der Unterstützung das Recht des Ortes, an dem sie gewährt worden ist, also das des unterstützenden Armenverbandes.

Das Gleiche muß für den Fall gelten, daß die Unterstützung, ohne als Vorschuß oder Darlehen bezeichnet zu sein, nach Landesrecht von dem Unterstützten zu erstatten ist. Denn auch hier wird die Erstattungspflicht durch Gewährung der Unterstützung begründet[67]. Daran ändert die etwaige Bestimmung nichts, daß die Unterstützung nur zurückzuerstatten sei, wenn der Unterstützte in bessere Verhältnisse kommt, denn hierdurch wird der schon durch die Unterstützung begründeten Rückzahlungspflicht nur eine aufschiebende Bedingung hinzugefügt.

2. Kollision zwischen dem Rechte des Armenverbandes und dem des Unterhaltspflichtigen.

Anders ist der Fall zu beurteilen, daß der unterstützende Armenverband einen Erstattungsanspruch gegen den Unterhaltspflichtigen geltend macht. Denn diesen Anspruch erhebt er nicht aus eigenem Rechte, sondern aus dem des Unterstützten, dessen Anspruch gegen Dritte kraft gesetzlicher Zession auf den Armenverband übergegangen ist. Dieser hat also einen Anspruch gegen den Dritten nur, weil und soweit er dem Unterstützten selbst zustand. Daher entscheidet bei Verschiedenheit der Rechte des Armenverbandes und des Unterhaltspflichtigen dasjenige Recht, das für die Unterhaltspflicht selbst zur Zeit der Unterstützung maßgebend war.

---

[67] So auch Schäfer S. 108, Simonsohn S. 170.

VII. Schlußbetrachtungen.

Die vorhergehenden Erörterungen haben ergeben, daß bezüglich der Erstattungsansprüche namentlich gegen den Unterstützten selbst große Verschiedenheiten und Unsicherheiten herrschen. Ein Teil der Landesrechte begründet durch ausdrückliche Gesetzesvorschrift einen Anspruch gegen den Unterstützten; andere Landesrechte haben darüber keine Bestimmungen oder solche, deren Bedeutung lebhaft bestritten wird. Das gilt insbesondere von Preußen; und wenn wir auch ausgeführt haben, daß die Träger der außerordentlichen Armenlast unzweifelhaft einen Erstattungsanspruch gegen den Unterstützten haben, so ist uns doch bewußt, daß gegen die Ausdehnung dieses Anspruchs auf die Träger auch der ordentlichen Armenlast mancherlei Zweifel und Bedenken bestehen. Ein ganz wirres und unsicheres Bild geben die Versuche, den Erstattungsanspruch gegen den Unterstützten nicht aus Spezialvorschriften, sondern aus allgemeinen Rechtsgrundsätzen herzuleiten. Ein jeder solcher Versuch muß unbefriedigend ausfallen, denn die Bemühungen, die zunächst dem öffentlichen Recht angehörige Frage der Ersatzpflicht für öffentliche Unterstützungen in das Prokustesbett zivilrechtlicher Konstruktion zu spannen, können niemals zu einem klaren und befriedigenden Resultat führen.

Die Praxis freilich hat sich wenig an die Bedenken gekehrt, die dem Erstattungsanspruch gegen den Unterstützten entgegenstehen. Das beweisen die in dem Anhang wiedergegebenen Antworten der Armenverwaltungen auf die Frage, worauf der Anspruch gegen den Unterstützten gegründet wird.

Hier werden uns sämtliche Fundamente, teils einzeln, teils zusammen genannt, auf welche überhaupt in der Literatur oder Rechtsprechung der Erstattungsanspruch aufgebaut wird. Vielfach wird das zutreffen, was die Armenverwaltung von Barmen auf unsere Anfrage über den dem Erstattungsanspruch gegen den Unterstützten zugrunde gelegten Rechtsgrund antwortet: „Wir haben uns bisher niemals viel den Kopf darüber zerbrochen, sondern einfach eingezogen, was wir einzuziehen hatten und rechtliche Schwierigkeiten niemals dabei gehabt." Von andern Seiten, allerdings nur vereinzelt, wird umgekehrt ein Erstattungsanspruch gegen den Unterstützten infolge der rechtlichen Schwierigkeiten, die ihm neuerdings die Rechtsprechung entgegenstellt, kaum mehr erhoben.

Dieser Zustand der Unsicherheit und Verschiedenheit in der Behandlung derselben armenrechtlichen Frage ist zweifellos sehr unerfreulich und bedarf

VII. Schlußbetrachtungen.

unbedingt der Abhilfe. Die neuesten armenrechtlichen Landesgesetze, namentlich die von Hamburg und Elsaß-Lothringen, haben denn auch klipp und klar ausgesprochen, daß der Unterstützte erstattungspflichtig ist. Und es wird sich kaum leugnen lassen, daß diese Regelung dem allgemeinen Rechtsgefühl entspricht. Dieses Rechtsgefühl hatte früher darin seinen Ausdruck gefunden, daß die Unterstützung in den Einzelgesetzen oder in den Urteilen der höchsten Gerichtshöfe als ein bloßer Vorschuß bezeichnet wurde. Und auch jetzt noch zeigt es sich in der Bestimmung des Reichsgesetzes betr. die Einwirkung von Armenunterstützung auf öffentliche Rechte vom 15. März 1909, wonach der infolge des Bezuges einer Armenunterstützung eintretende Verlust öffentlicher Rechte durch die Erstattung der Unterstützung wieder beseitigt wird. Wenn der Gesetzgeber an die Erstattung der Unterstützung den Wiedereintritt des normalen Rechtszustandes des Unterstützten knüpft, so sieht er zweifellos in der Tatsache, die den Wiedereintritt des normalen Zustandes zur Folge hat, also in der Erstattung selbst das Normale.

Vom armenpolitischen Standpunkt ist die Erstattungspflicht des Unterstützten im allgemeinen unbedingt zu erstreben. Es hieße geradezu dazu auffordern, in erster Reihe nicht durch Anspannung der eigenen Kräfte, nicht durch Inanspruchnahme des Kredits durch Hilfe von Verwandten und Freunden einen augenblicklichen Notstand zu beseitigen, sondern schleunigst die Armenpflege in Anspruch zu nehmen, wenn dem vorübergehend Hilfsbedürftigen die öffentliche Unterstützung ohne jede Erstattungspflicht gewährt würde, während es selbstverständlich ist, daß er das ihm von privater Seite Gewährte zu erstatten hat. Ganz besonders trifft dieses zu, wenn dem Unterstützten die Erstattungspflicht nicht einmal dann obliegen soll, wenn sich seine Vermögensverhältnisse so erheblich gebessert haben, daß ihm die Erstattung keinerlei Beschwerden bereiten würde. In einem solchen Falle müssen es weite Kreise, die ungünstiger als er gestellt sind, aber niemals die Armenpflege in Anspruch genommen haben, als Unbilligkeit empfinden, wenn der nunmehr Wohlhabendere das nicht zurückerstattet, was er von der Allgemeinheit, zum Teil aus den Mitteln von ungünstiger gestellten Steuerzahlern empfangen hat.

Es ist ein gesundes Empfinden, das in dem Empfang von Armenunterstützungen, namentlich bei jungen und arbeitskräftigen Leuten, eine capitis diminutio sieht. Denn in einem auf der Selbstverantwortlichkeit und dem Individualismus aufgebauten Gemeinschaftsleben bedeutet es ein Aufgeben der Persönlichkeit, wenn man die Armenpflege in Anspruch nimmt und damit eingesteht, daß man seine wirtschaftliche Selbständigkeit und Selbstverantwortlichkeit nicht zu behaupten vermag. Infolgedessen haben weite Volkskreise das richtige Gefühl, daß der Unterstützte das Empfangene zurückerstatten muß, sobald er dazu imstande ist; das beweist der Umstand, daß der Erstattungsanspruch der Armenverbände, wo er nach Lage der Vermögensverhältnisse des Unterstützten geltend gemacht wird, selten einen Widerstand bei dem Unterstützten selbst begegnet. Macht man den Erstattungsanspruch rechtlich unmöglich, so begünstigt man damit diejenigen, die jenes natürliche Gefühl nicht besitzen oder sich darüber hinwegsetzen, also gerade die schlechten Elemente.

VII. Schlußbetrachtungen.

Kleine leistungsschwache Armenverbände werden sich jedenfalls leichter zur Unterstützung eines vorübergehend Hilfsbedürftigen entschließen, wenn sie die Aussicht haben, das Aufgewandte später von ihm zurückzuerhalten, und so liegt es auch im Interesse des Hilfsbedürftigen selbst, wenn die Gesetzgebung den Anspruch des Armenverbandes sichert.

Ein Teil der Armenverbände sucht sich über die rechtlichen Schwierigkeiten hinwegzuhelfen, indem er den Hilfsbedürftigen eine Erklärung unterzeichnen läßt, in welcher dieser sich zur Erstattung verpflichtet, so daß der Armenverband nun einen vertragsmäßigen Titel für seinen Erstattungsanspruch erhält. Aber dieses Mittel ist bedenklich: einmal setzt sich der Armenverband der Gefahr aus, daß die Erklärung, wenn er Rechte aus ihr geltend macht, als erzwungen angefochten wird — und welche Erklärung wird der Hilfsbedürftige nicht auch tatsächlich abzugeben bereit sein, wenn er ohne sie die notwendige Unterstützung nicht zu erhalten befürchtet? Ferner aber ist der Armenverband dem gegenüber machtlos, der von vornherein die Abgabe einer solchen Erklärung verweigert; denn die Erfüllung der öffentlichrechtlichen Unterstützungspflicht darf nicht von einer privatrechtlichen Voraussetzung abhängig gemacht werden.

Auf der anderen Seite läßt sich nicht verkennen, daß ein unbeschränkter Ersatzanspruch mancherlei Bedenken begegnet. Wir haben schon früher hervorgehoben, daß es widersinnig erscheint, wenn der Armenverband in demselben Augenblick, wo er kraft öffentlichen Rechts die Unterstützung zu zahlen verpflichtet ist, einen Anspruch auf sofortige Rückzahlung gegen den Unterstützten erwirbt. Vor allem aber kann es zu großen Härten führen, wenn der Armenverband in allen Fällen der Unterstützung Erstattung verlangen kann, sobald der Unterstützte überhaupt nur in der Lage ist, etwas zurückzuzahlen, wenn auch nur unter den größten Entbehrungen und auf die Gefahr hin, von neuem hilfsbedürftig zu werden. Auch hier würde es zu einem Widersinn führen, wenn der Armenverband die Hilfsbedürftigkeit, die er eben erst durch seine Unterstützung beseitigt hat, durch eine Rückforderung selbst von neuem hervorrufen würde. Die Landesgesetze haben diesem Widersinn und dieser Gefahr zum Teil dadurch vorzubeugen gesucht, daß sie die Pflicht der Rückzahlung von dem billigen Ermessen einer Behörde abhängig gemacht oder dem Erstattungspflichtigen zum mindesten den notdürftigen Unterhalt gesichert haben. Zu weit geht u. E. in der Rücksicht auf den Erstattungspflichtigen das neueste Landesgesetz, das A.G. z. U.W.G. für Elsaß-Lothringen (§ 39), indem es die Erstattungsklage gegen den Unterstützten, seine unterhaltspflichtigen Verwandten und seine Erben nur insoweit zuläßt, als sie ohne Gefährdung ihres standesmäßigen Unterhalts zur Ersatzleistung in der Lage sind. Die Unterhaltspflicht der meisten Verwandten besteht ohnehin nach dem B.G.B. nur insoweit, als durch die Gewährung des Unterhalts nicht der eigene standesmäßige Unterhalt gefährdet wird. Wo das B.G.B. die Unterhaltspflicht nicht an diese Voraussetzung knüpft, ist es unangebracht, den Erstattungsanspruch des Armenverbandes einzuschränken. Einmal ist nicht einzusehen, warum der nach B.G.B. Unterhaltspflichtige dadurch, daß er seine Pflicht nicht erfüllt und den Unterhaltsberechtigten zur Inanspruchnahme der Armenpflege zwingt, nunmehr, dem Armenverbande gegenüber, besser

VII. Schlußbetrachtungen.

gestellt sein soll, als er es dem Unterhaltsberechtigten selbst gegenüber war. Sodann aber und vor allem sind diejenigen Fälle, in denen das B.G.B. die Unterhaltspflicht ohne Rücksicht auf den standesmäßigen Unterhalt des Verpflichteten entstehen läßt, wohl begründet; sie beruhen auf dem engen Verhältnisse der Eltern zu den minderjährigen Kindern, des Ehemannes zur Frau, und es liegt in der sittlichen Natur dieses Verhältnisses, daß man dem natürlichen Ernährer nicht das Privilegium des standesmäßigen Unterhalts gibt, während er die auf ihn angewiesenen nächsten Angehörigen darben läßt. Eine Bestimmung wie die angeführte des elsaß-lothringischen Gesetzes ist geeignet, den Familienzusammenhang noch mehr zu lockern, als es in den für die Armenpflege in Frage kommenden Kreisen schon ohnehin vielfach der Fall ist; denn sie beschränkt den Anspruch gegen den pflicht= vergessenen Familienvater, der die Seinigen der Armenpflege überläßt, auf weniger, als er seinen Angehörigen selbst nach dem Gesetz schuldet, belohnt ihn also für seine Pflichtvergessenheit.

Vielleicht gibt das Reichsgesetz, betreffend die Einwirkung von Armen= unterstützung auf öffentliche Rechte, vom 15. März 1909 einen Fingerzeig dafür, welche Arten der Unterstützung derart sind, daß bei ihrer Rückforderung ein milderer Maßstab an die Leistungsfähigkeit des Erstattungspflichtigen anzulegen ist. Insbesondere die einem Angehörigen wegen körperlicher oder geistiger Gebrechen gewährte Anstaltspflege und die Unterstützungen zum Zwecke der Jugendfürsorge, der Erziehung oder der Ausbildung für einen Beruf (Nr. 2 und 3 des genannten Gesetzes) pflegen so andauernde und hohe Kosten zu verursachen, daß der unterhaltspflichtige Familienvater sie ohne schwere Entbehrungen für sich und seine übrigen Angehörigen in den seltensten Fällen erstatten kann. Aus diesem Grunde und weil sie wohl niemals durch ein Verschulden des Unterhaltspflichtigen verursacht werden, scheint es angebracht, ihre Rückforderung auf den Fall zu beschränken, daß dadurch der standesmäßige Unterhalt des in Anspruch Genommenen nicht gefährdet wird.

Schwierig ist oft die Entscheidung der Frage, ob die Angehörigen allein oder das Familienhaupt mit ihnen unterstützt wird; man denke an den Fall, daß ein Arbeiter sehr wohl imstande ist, durch seinen Erwerb sich selbst und einen Teil seiner Familie, nicht aber diese ganz zu unterhalten. Im all= gemeinen hat wohl die Praxis in solchen Fällen kein Bedenken, das Familien= haupt selbst als mitunterstützt anzusehen, obgleich die Entscheidung zweifelhaft sein kann; denn der armenrechtliche Familienzusammenhang, wonach die Unter= stützung eines Angehörigen von Einfluß auf den Erwerb und Verlust des U.W. seitens des Haushaltungsvorstandes ist, hat nichts mit der Frage zu tun, wem tatsächlich die Unterstützung gewährt wurde.

Das hamburgische Gesetz über das Armenwesen bestimmt in § 12: „Wird eine Ehefrau oder werden eheliche oder diesen gleichstehende Kinder unterstützt, so gilt das Familienhaupt, auch wenn die Unterstützung ohne oder gegen seinen Willen gewährt ist, in der Person seiner Angehörigen als unterstützt, es sei denn, daß die bei Gewährung der Unterstützung angenommene Hilfsbedürftigkeit nicht vorgelegen hat. Im Falle der Unterstützung von Kindern, welche in bezug auf den Erwerb und Verlust des U.W. selbständig

VII. Schlußbetrachtungen.

sind, findet diese Bestimmung keine Anwendung . . ." Und § 19 Abs. 1 sagt: „Wer für sich oder seine Angehörigen (§ 12 Abs. 1) Unterstützung empfangen hat, ist verpflichtet, sie zu erstatten. Die gleiche Verpflichtung trifft die Angehörigen des Unterstützten in Höhe der für sie verwendeten Beträge. Der Anspruch darf erst geltend gemacht werden, wenn der Erstattungspflichtige ohne Beeinträchtigung des für sich und seine unterhaltsberechtigten Angehörigen nach billigem Ermessen erforderlichen Unterhalts zur Erstattung imstande ist." — Die Begründung des Entwurfs zu dieser Bestimmung, für die übrigens schon das württembergische A.G. z. U.W.G. ein Vorbild enthält, führt aus: „Der Entwurf bezeichnet entsprechend dem § 14 des bisherigen Gesetzes schlechthin „den Unterstützten" als erstattungspflichtig. Die vom Ausschusse vorgeschlagene, an § 12 sich anschließende Fassung will zunächst außer Zweifel stellen, daß ein Familienhaupt, das für sich und seine Angehörigen Unterstützung erbeten und erhalten hat, für das Empfangene in voller Höhe, also auch bezüglich der seinen Angehörigen zugeflossenen Beträge, ersatzpflichtig ist. Daneben erscheint es aber gerechtfertigt, unter starker Berücksichtigung des wirtschaftlichen Momentes für den Erstattungsanspruch auch die Angehörigen insoweit als unterstützt gelten zu lassen, als ihnen die Unterstützung tatsächlich zugeflossen ist. Es entspricht der Sachlage, daß ein mit seiner Mutter, einer Witwe, zusammen lebendes Kind, das eine reiche Erbschaft gemacht hat, verpflichtet ist, die seiner Mutter gewährte Unterstützung, soweit sie ihm zugeflossen ist, zu erstatten. Durch den doppelten Anspruch werden zudem die bei Vermögenszuwendungen vielfach vorkommenden Schiebungen unmöglich gemacht."

Diese Erwägungen sind wohl beachtenswert und verdienen Berücksichtigung bei einer gesetzlichen Regelung der Erstattungsansprüche der Armenverbände, wie sie namentlich für Preußen erforderlich ist. Dabei ist jedoch Voraussetzung, daß die Unterstützung der Angehörigen, auch wenn sie im Sinne der Hamburger Bestimmung als solche des Familienvaters gilt, nicht ihren eigentlichen Charakter einbüßt; denn würde sie auch zivilrechtlich nur als Unterstützung des Vaters, nicht auch als solche des Kindes gelten, so würde ihre Rückforderung diejenigen Vorrechte verlieren, die dem Unterhaltsanspruch und damit auch dem Ersatzanspruch des Armenverbandes zustehen: insbesondere würde dann der Armenverband das Recht verlieren, den Arbeitslohn des Vaters zu pfänden, weil diese Pfändung nur für rückständige Unterhaltsbeiträge zulässig ist. Den Unterhaltspflichtigen aber dem Armenverbande gegenüber besser zu stellen, als dem unmittelbar Unterhaltsberechtigten gegenüber, ist, wie schon ausgeführt, unangebracht.

Ob die von uns geforderte Regelung des Erstattungsanspruches der Armenverbände für das ganze Gebiet des U.W.G., also reichsgesetzlich und einheitlich erfolgt, oder mit Rücksicht darauf, daß sie in dem größeren Teil der Bundesstaaten schon besteht, wenn auch nicht überall gleichmäßig, scheint uns ziemlich gleichgültig zu sein. Daß sie aber überhaupt eintritt, wo sie noch fehlt, ist im Interesse einer geordneten Armenpflege durchaus notwendig.

Anhang.

An die deutschen Städte über 50000 Einwohner ist der nachfolgende Fragebogen versandt worden:
1. Wie hoch sind die Erstattungen
    a) durch den Unterstützten selbst,
    b) durch unterhaltspflichtige Angehörige (einschließlich des Erzeugers eines unehelichen Kindes)

   im letzten abgeschlossenen Rechnungsjahr gewesen? (Falls angängig, wird um gesonderte Aufführung der Beträge für offene Armenpflege, Krankenhaus=, Armenhaus=, Waisenhaus= und sonstige Anstaltspflege gebeten.)
2. Welche Beträge an Erstattungen:
    a) durch den Unterstützten selbst,
    b) durch seine Angehörigen

   sind für das laufende Rechnungsjahr vorgesehen? (Falls angängig, wie zu 1 zu sondern.)
3. Auf welcher rechtlichen Grundlage wird der Erstattungsanspruch gegen den Unterstützten aufgebaut? (Vorschuß? Geschäftsführung ohne Auftrag? Rechtlose Bereicherung? Gesetzliche Spezialvorschrift?)
4. Wird nach den in Anstaltspflege Verstorbenen
    a) ein gesetzliches Erbrecht geltend gemacht und in welchem Umfang? (am gesamten Nachlaß? Nur an den eingebrachten Sachen? Nur in Höhe der für den Verstorbenen tatsächlich aufgewendeten Kosten?) oder
    b) eine bloße Nachlaßforderung?
5. Wird auch bei in offener Armenpflege Verstorbenen
    a) ein gesetzliches Erbrecht,
    b) eine Nachlaßforderung geltend gemacht?

Zu 4. und 5. werden die nichtpreußischen Armenverbände um nähere Angabe der gesetzlichen Bestimmungen gebeten.

Darauf sind folgende Antworten eingegangen:

I. Preußen.

Aachen.

Nach Erlaß des Urteils des Oberlandesgerichts zu Cöln vom 24. Mai 1905 ist der Versuch, vom Unterstützten selbst Unterstützungen zurückzuverlangen, wenn seine Verhältnisse sich gebessert haben, diesseits nicht mehr gemacht worden[1]. (Fälle, in denen die Unterstützung unter irrigen Voraussetzungen etwa infolge der Vorspiegelung falscher Tatsachen bewilligt wurde, bleiben hierbei natürlich außer Betracht.) Dagegen wird die Heranziehung von Dritten, an die der Hilfsbedürftige Alimentationsansprüche hat, sehr scharf betrieben. Im abgelaufenen Rechnungsjahre sind durch die hiesige Einziehungsstelle eingezogen worden:

a) an Kostenbeiträgen für Verpflegung in städtischen Krankenhäusern	4 145,94 Mk.
b) an Kostenbeiträgen für Verpflegung in nichtstädtischen Krankenhäusern	1 275,09 „
c) an Kostenbeiträgen für Verpflegung der Waisenhauszöglinge	613,50 „
d) an Kostenbeiträgen für Verpflegung anderer, aus öffentlichen Mitteln verpflegter Kinder	1 112,15 „
e) Beiträge zu den Kosten der Überführung und ersten Ausstattung von Fürsorgezöglingen	79,50 „
f) Kostenbeiträge für Pfleglinge des Jos.-Inst. (städt. Siechenanstalt)	6 408,50 „
g) Kostenbeiträge für Sieche und Invaliden in fremden Anstalten	948,80 „
h) Kostenbeiträge für Pfleglinge der Anstalt Marienbrunn (städtische Irrenanstalt für weibliche Irren, eine solche für männliche Irren besteht nicht)	78,00 „
i) Kostenbeiträge für in fremden Anstalten verpflegte Irren, Idioten und Epileptiker (erhält zum weitaus größeren Teile der Rheinische Landarmen-Verband auf Grund des Gesetzes vom 10./7. 1891) . .	17 523,88 „
k) Unterstützungskostenbeiträge	2 167,69 „
l) Kostenbeiträge für Pfleglinge der städtischen Entbindungsanstalt	180,15 „
m) Kostenbeiträge für Pfleglinge des Vincenzspitals (eine aus Stiftungsmitteln unterhaltene Siechenanstalt)	832,10 „
n) für andere Armenverbände in deren Auftrag eingezogene Kostenbeiträge	1 385,30 „
o) Beiträge zu Desinfektionskosten	38,70 „
insgesamt:	36 789,30 Mk.

Wie viel es voraussichtlich im laufenden Jahre sein wird, läßt sich auch nicht annähernd bestimmen.

Nicht einbegriffen sind diejenigen Zahlungen, welche direkt bei der Armenkasse geleistet worden sind. Ihre Ermittelung würde überaus

---

[1] Am 17. Februar 1910 hat das Oberlandesgericht Cöln im Gegensatz zu dem oben angeführten Urteil entschieden, daß dem Armenverbande ein Erstattungsanspruch gegen den Unterstützten aus § 68 A.G. z. U.W.G. zusteht; vgl. unter Cöln. Rosenstock.

mühsam und zeitraubend sein. Es handelt sich hierbei aber auch vornehmlich um Invaliden- und Alters-Rentenbeträge, welche von den Vorsteherinnen der städtischen Pflegeanstalt für einen Teil ihrer Anstaltsinsassen eingezogen und als deren Pflegekostenbeiträge direkt an die Kasse abgeführt werden, also um Leistungen, die für die vorliegende Frage außer Betracht zu bleiben haben dürften.

Wenn die Armenverwaltung rechtzeitig Kenntnis davon erhält, daß eine alleinstehende, unterstützte Person verstorben ist, so nimmt sie in der Regel ihren Nachlaß an sich, unter Umständen sogar unter Deckung rückständiger Miete, wenn der Nachlaß die Mühe und Kosten lohnt. Irgendwelchen Schwierigkeiten ist die Armenverwaltung dabei bisher nicht begegnet. Die geleisteten Unterstützungen werden damit fast nie gedeckt; auf einen etwaigen Überschuß würde die Armenverwaltung kein Anrecht haben. In Versorgungsfällen läßt sich die Armenverwaltung das Mobiliar bei der Aufnahme in die Anstalt abtreten.

Altona.

Zu Frage 1a = 3 156,51 Mk.
Zu Frage 1b = 36 504,27 „
Zu Frage 2a = 1 500,00 „
Zu Frage 2b = 34 500,00 „

Zu Frage 3: Über die Verpflichtung der Hilfsbedürftigen zu demnächstiger Erstattung der ihnen von Armenverbänden gewährten Unterstützungen hat der III. Zivilsenat des Reichsgerichts unterm 20. Oktober 1885 dahin entschieden, daß der Anspruch auf Rückzahlung gezahlter Unterstützung nur von dem Zeitpunkte an begründet ist, wo der Hilfsbedürftige Vermögen erworben hat. Die hiesige Armenkommission hat deshalb von Klageerhebungen gegen solche zu Vermögen gelangte früher Unterstützte, die nicht freiwillig zur Zurückerstattung des ihnen Gewährten bereit waren, immer abgesehen.

Zu Frage 4 und 5: Nur in Höhe der für den Verstorbenen aufgewendeten Kosten wird Erstattung aus dem Nachlaß beim Erbschaftsgericht beantragt.

Barmen.

Im Rechnungsjahre 1908 sind eingezogen:
Zu Frage 1:

Zurückerstattete Unterstützungskosten	451,81 Mk.
Beiträge von Unterhaltspflichtigen zu den Unterstützungs- und Pflegekosten für Geisteskranke, Idioten usw..	30 067,72 „
Beiträge von Unterhaltspflichtigen zu den Pflegekosten der in der Anstalt für verlassene Kinder untergebrachten Kinder	1 610,23 „
Desgleichen für Armen- und Waisenhauspfleglinge .	13 541,90 „

In dieser Summe sind die eingezogenen Renten=
beträge der Pfleglinge enthalten. Zurückerstattete
Kur= und Pflegekosten (Krankenhaus) . . . . 6 904,00 Mk.

Zu Frage 2:
Voranschlag für 1910.
Zu Nr. 2 der Frage 1 . . . . 29 000 Mk.
„ „ 3 „   „   1 . . . . 1 500 „
„ „ 4 „   „   1 . . . . 12 000 „
„ „ 1 und 5: Diese Beträge können nicht angegeben werden.

Zu Frage 3: Die Frage, ob die gesetzlichen Bestimmungen in Preußen dem Armenverbande überhaupt einen Erstattungsanspruch gegen den Unterstützten selbst gewähren, ist ja sehr bestritten. Wir haben uns bisher aber niemals viel den Kopf darüber zerbrochen, sondern einfach ein= gezogen, was wir einzuziehen hatten, und rechtliche Schwierigkeiten niemals dabei gehabt.

Zu Frage 4 und 5 a fast gar nicht.
„   „ 4 „ 5 b auch nur in seltenen Fällen.

Berlin.
Zu Frage 1:
Im Rechnungsjahre 1909/10.
Für offene Armenpflege . . . . 197 986,55 Mk.
Verpflegungskosten in städtischen Krankenhäusern . 401 470,89 „
Verpflegungskosten in nichtstädtischen Kranken=
häusern . . . . 198 212,02 „
Verpflegungskosten in Irrenanstalten . . . . 655 848,31 „
Verpflegungskosten im Arbeitshaus . . . . . 15 424,38 „
Verpflegungskosten im Obdach . . . . . . 9 267,92 „
Verpflegungskosten in den Hospitälern . . . 99 235,88 „
Verpflegungskosten im Waisenhaus . . . . . 95 887,96 „
Verpflegungskosten in Waisenhaus=Fürsorge=Er=
ziehung . . . . 24 670,75 „

Eine Statistik, die geeignet ist, die Erstattungen der Unterstützten selbst und deren unterhaltspflichtiger Angehörigen getrennt nachzuweisen, ist nicht vorhanden. Vielmehr werden die eingehenden Erstattungen nur notiert in der Gruppierung, die sich aus anliegender Zusammenstellung ergibt, also zusammengenommen: Erstattungen der Unterstützten, ihrer Angehörigen und der Dienstherrschaften.

Zu Frage 2: Diese Frage kann nur hinsichtlich der etatsmäßigen Veranschlagung für die Waisenverwaltung beantwortet werden. (Etatsansatz für 1910: Erstattungen durch Angehörige 107 800 Mk.) Die Etats aller übrigen Zweige der Armenfürsorge weisen nur allgemeine Erstattungs= titel auf, die nicht erkennen lassen, wie hoch insbesondere die Erstattungen der Verpflegten selbst bzw. ihrer Angehörigen sich belaufen. Der Etat der Armenverwaltung selbst weist 900 000 Mk. auf ohne derartige Trennung.

Zu Frage 3: Es läßt sich eine allgemeine Antwort nicht geben. Soweit es sich um Unterstützte handelt, die später zu Vermögen gelangt sind, wird ein zivilrechtlicher Erstattungsanspruch nach Lage der heutigen Gesetzgebung kaum gegeben sein. Sind wir über die Voraussetzungen der Hilfsbedürftigkeit im Irrtum gewesen oder getäuscht, kommt ungerechtfertigte Bereicherung oder § 826 B.G.B. in Frage. Im einzelnen verweisen wir auf Simonson, Zeitschrift für das Armenwesen 1905, Mai, Juni und das neueste, eben erschienene Urteil des Reichsgerichts, Entscheidung in Zivilsachen, Band 72[1].

Zu Frage 4: Im allgemeinen wird ein Erbrecht nach A.L.R. II, 19, §§ 50 ff. beansprucht, jedoch nach der Entscheidung des R.G. von 1897 (Jurist. Wochenschrift) nur dann, wenn im einzelnen keine Kosteneinziehungsversuche gemacht sind; vgl. Jahrbuch des Kammergerichts (Johav) Bd. 31. Falls das Erbrecht nicht besteht, erheben wir eine Nachlaßforderung.

Zu Frage 5: Ja, ein Erbrecht auf Grund spezieller Berliner Privilegs nach Hofreskript vom 2. Juli 1801 (Berliner Gemeinderecht Bd. 8).

Beuthen.

Zu Frage 1a: $\left\{\begin{array}{l} 121,31 \text{ Mk.} \\ 2838,25 \text{ }„ \end{array}\right\}$ 2959,56 Mk.

Zu Frage 1b: $\left\{\begin{array}{l} 1165,50 \text{ }„ \\ 3247,40 \text{ }„ \end{array}\right\}$ 4412,90 „

Zu Frage 2: 7720 Mk.

Zu Frage 4a: Ja, am gesamten Nachlaß in Höhe der aufgewendeten Kosten.

Zu Frage 5: Ja, Erbrecht bis zur Höhe der gezahlten Beträge.

Bielefeld.

Zu Frage 1a:
Offene Armenpflege	565,73 Mk.
Krankenhauspflege	374,70 „
	940,43 Mk.

Zu Frage 1b:
Offene Armenpflege	48,00 Mk.
Krankenhauspflege	296,95 „
Sonstige Anstaltspflege (Blödenanstalt, Irrenanstalt)	238,00 „
Pflegekosten für uneheliche Kinder	357,25 „
	940,20 Mk.

---

[1] Diese Entscheidung behandelt nur den Erstattungsanspruch aus der rechtlosen Bereicherung gegen den Unterstützten, der in Wirklichkeit nicht hilfsbedürftig war, gibt aber keinen Anhalt dafür, wie das Reichsgericht den Erstattungsanspruch bei der echten Armenunterstützung beurteilt. Die Bemerkung (S. 336) „Preußisch rechtliche Bestimmungen kommen nicht in Betracht, da der Ersatzanspruch gegen den Unterstützten erst nach dem Inkrafttreten des B.G.B. entstanden ist," bezieht sich nur auf die Verjährung jenes Ersatzanspruches bei unechter Armenunterstützung.
Rosenstock.

Zu Frage 2a: Offene Armenpflege . . . . . . 962,66 Mk.
Krankenhauspflege . . . . . . 375,49 „
                                              1338,15 Mk.

Zu Frage 2b: Offene Armenpflege . . . . . . 166,00 Mk.
Krankenhauspflege . . . . . . 448,46 „
Sonstige Anstaltspflege . . . . 162,00 „
Pflegekosten für uneheliche Kinder . 717,43 „

Gesamtbetrag der zu erstattenden Unterstützungen . . . . 1493,89 Mk.

Die Einziehung wird sich voraussichtlich im laufenden Jahre nicht ganz bewirken lassen.

Zu Frage 3: Die Erstattung der als Vorschuß gewährten Unterstützung ist eine freiwillige. Sie erfolgt, sobald Erstattungsfähigkeit eintritt.

Es wird in den meisten Fällen beim Eintreten der Armenverwaltung noch eine Erklärung entgegengenommen, worin die Unterstützten selbst oder Angehörige sich zur Erstattung verpflichten eventuell durch Inanspruchnahme des Arbeitgebers.

Zu Frage 4a: Nein.
Zu Frage 4b: Ja.
Zu Frage 5b: Ja.

Bochum.

Zu Frage 1a: Geschlossene Armenpflege . . . . 3 700 Mk.
Offene Armenpflege . . . . . . 11 050 „
Zu Frage 2b: Geschlossene Armenpflege . . . . 11 800 „
Offene Armenpflege . . . . . . 5 300 „

Zu Frage 2a:
Zu Frage 2b: } 32 000 Mk.

Zu Frage 3: Geschäftsführung ohne Auftrag gegen Dritte auf Grund des § 62 des Unterstützungs-Wohnsitz-Gesetzes.

Zu Frage 4: Nur in Höhe der für den Verstorbenen tatsächlich aufgewendeten Kosten.

Zu Frage 5b: Ja.

Bonn.

Zu Frage 1a: Offene Armenpflege . . . . . 2039,85 Mk.
Krankenhauspflegekosten . . . 4236,16 „
Waisenhauspflegekosten . . . .
Irrenpflegekosten . . . . . 3839,93 „
Armenhauskosten . . . . . . 1317,49 „

Zu Frage 1b: Offene Armenpflege . . . . . 3747,79 „
Krankenhauspflegekosten . . . 4318,79 „
Waisenhauspflegekosten . . . 4062,71 „
Irrenpflegekosten . . . . . 2857,12 „
Armenhauskosten . . . . . . 795,08 „

Außerdem wurden durch den städtischen Waisenbeamten als Berufs= vormund von den Erzeugern der unehelichen Kinder im Jahre 1909 an Unterhaltsbeiträgen 27 831 Mk. beigetrieben.

Zu Frage 2: Für das Etatsjahr 1910 sind vorgesehen:
Erstattungen von Unterstützten selbst oder sonstigen
  privatrechtlich Verpflichteten . . . . 17 000 Mk.
Von Krankenkassen, Berufsgenossenschaften, Versicherungs=
  anstalten . . . . 9 000 „
Aus Nachläßen und zugefallenem Vermögen . . . . 2 000 „
An Unterhaltsbeiträgen der unehelichen Mütter werden
  außerdem . . . . 25—30 000 „
eingehen.

Frage 3: Ebensowenig wie sich für das bis 1900 hier geltende Fran= zösische Recht ein Erstattungsanspruch gegen den Unterstützten selbst be= gründen ließ, ist dieser Ersatzanspruch nach B.G.B. zulässig, da sich nach den Grundsätzen des letzteren ein Ersatzanspruch gegen den Unterstützten selbst weder aus dem Gesichtspunkt der Geschäftsführung ohne Auftrag noch aus dem Gesichtspunkte der ungerechtfertigten Bereicherung rechtfertigen läßt, weil die Gewährung einer Unterstützung auf Grund einer **öffentlichen rechtlichen** Verpflichtung erfolgt ist. Gegebenenfalls wurde daher — und häufig mit Erfolg — in Güte versucht, von dem Unterstützten selbst, seinen Angehörigen oder Erben Ersatz für die gewährten Unterstützungen zu erlangen.

Seit April 1909 wird bei jedem Unterstützungsantrag die Erklärung aufgenommen, daß der Unterstützte sich verpflichtet, die gewährte Unter= stützung zu erstatten, wenn er dazu in der Lage ist.

Alle Forderungen der Armenverwaltung an Unterstützungsbeiträgen, Rückzahlungen von Krankenhauspflegekosten usw., die von dem Unterstützten selbst oder von privatrechtlich Verpflichteten zu leisten sind, werden seitdem in allen geeigneten Fällen durch einen Boten der Armenverwaltung von den Zahlungspflichtigen beigetrieben, sofern diese nicht ausdrücklich erklärt haben, daß die Zahlung nur bei den städtischen Zahlstellen erfolgen soll. Bei den letzteren Personen erfolgt die Einziehung nur dann durch den Boten der Armenverwaltung, wenn sie mit den versprochenen Zahlungen bei der Zahlstelle im Rückstande bleiben.

Forderungen, deren Beitreibung im Verwaltungszwangsverfahren zu= lässig ist, werden nach wie vor durch die Zahlstellen eingezogen.

Der Bote zieht die ihm näher bezeichneten Forderungen in den Wohnungen oder gelegentlich der Lohnzahlung auf den Arbeitsstätten der Zahlungspflichtigen ein. Über die eingezogenen Beträge führt er eine Liste, die er unterschriftlich vollzogen mit den erhobenen Beträgen täglich an die Kasse der Armenverwaltung abliefert. Jede von den Zahlungspflichtigen ihm angebotene Zahlung, auch wenn sie die Höhe des fälligen Betrages nicht erreicht, hat er anzunehmen, und den Zahlern als Quittung Quittungs= marken in der Höhe der Einzahlung auszuhändigen. Die Quittungsmarken werden durch Aufdruck eines Datumstempels und Aufschrift des Namens des betreffenden Zahlers entwertet. In jedem Aktenheft befindet sich ein Verzeichnis über die geleisteten Erstattungen.

Dieses Einziehungsverfahren hat sich bewährt. Insbesondere zahlen sehr viele Zahlungspflichtige, die den Besuch des Boten in der Wohnung oder auf der Arbeitsstätte scheuen, jetzt regelmäßig bei den Zahlstellen, während früher zahllose, meist vergebliche, schriftliche oder mündliche Zahlungsaufforderungen ergehen mußten.

Zu Frage 4 und 5: Sowohl bei den in Anstaltspflege Verstorbenen, wie auch bei den in offener Armenpflege Verstorbenen wird eine Nachlaß=forderung in Höhe der tatsächlich aufgewendeten Kosten gegen die Erben oder den Nachlaßpfleger erhoben. Mangels gesetzlicher Bestimmungen wird eine gütliche Einigung meist mit Erfolg versucht unter billiger Berücksichtigung der Verhältnisse der Erben sowie der Höhe des Nachlasses und der gemachten Aufwendungen.

Breslau.

Zu Frage 1: Die Höhe der Erstattungen
    a) durch den Unterstützten selbst,
    b) durch unterhaltspflichtige Angehörige getrennt anzugeben ist un=
       möglich.

Im Rechnungsjahr 1909 sind an Kosten für „offene Armenpflege" von den Unterstützten selbst und deren Angehörigen zusammen 51170,44 Mk. erstattet worden.

Für Krankenhaus= usw. Verpflegung sind erstattet worden insgesamt
356590,60 Mk.

In diesem Betrage sind jedoch die sehr hohen Erstattungen für Nicht= armenpflege durch die Krankenkasse enthalten, die nicht gesondert werden können.

Für Verpflegung im Armen= und Pflegehause sind 38197,99 Mk., für Verpflegung im Kinderhort 6407,61 Mk. erstattet worden.

Zu Frage 2: Vorgesehen für 1910 sind als Erstattungen von Kosten der offenen Armenpflege 68000 Mk.

Für die Verpflegung in den städtischen Krankenhäusern sowie in der städt. Heilanstalt für Nerven= und Gemütskranke werden insgesamt 373000 Mk. einschließlich Krankenkassenleistungen, für die Verpflegung im Armen= und Pflegehause werden 31830 Mk. und für die Verpflegung im Kinderhort werden 5350 Mk. an Erstattungen erwartet.

Zu Frage 3: Die gewährte Unterstützung wird hier als ein Vor=schuß angesehen, da im Teil II Titel 19 (der sedes materiae des Armen=wesens) als Grundsatz anerkannt wird,

daß das, was eine öffentliche Armenanstalt — der die erst später eingereichten Armenverbände u. E. gleichstehn — einem Hilfs=
bedürftigen gewährt wird, nicht geschenkt, sondern **vorgeschossen** ist. Diese Vorschrift ist durch das preuß. A.G. zum B.G.B. nicht aufgehoben, vielmehr ist durch Art. 103 E.G. zum B.G.B. und A. n. diese landes=gesetzliche Vorschrift im Gebiete des preußischen Rechts noch gültig.

Zu Frage 4: Es wird ein Unterschied zwischen den **endgültig** in das Armenpflege= und Siechenhaus aufgenommenen und den nur **vor**=

übergehend verpflegten Personen gemacht. Bei ersteren wird das gesetzliche Erbrecht auf den gesamten Nachlaß, bei letzteren nur die Nachlaßforderung in Höhe der entstandenen Kosten geltend gemacht.

Zu Frage 5: Bei Personen, die in offener Armenpflege unterstützt wurden, wird nur Nachlaßforderung erhoben.

Bromberg.

Zu Frage 1:
Im Rechnungsjahr 1909.
1. Offene Armenpflege:
   a) durch den Unterstützten selbst . . . . 560,50 Mk.
   b) durch unterhaltungspflichtige Angehörige . . 6 973,64 „
2. Anstaltspflege:
   a) durch den Unterstützten selbst . . . . 3 747,50 „
   b) durch unterhaltungspflichtige Angehörige . . . 1 706,03 „

(Unter den zu 2a und b nachgewiesenen Beträgen sind die Kosten der für eigene Rechnung Verpflegten mit enthalten.)

Zu Frage 2: Für das Rechnungsjahr 1910 sind vorgesehen:
1. Offene Armenpflege:
   a) und b) zusammen . . . . 6000 Mk.
2. Anstaltspflege:
   a) und b) zusammen . . . . 6000 „

(eine Trennung zwischen a und b kann nicht angegeben werden). (Unter dem zu 2a und b nachgewiesenen Betrage sind die Kosten der für eigene Rechnung aufzunehmenden Kranken mit enthalten.)

Zu Frage 3: Vorschuß.
Zu Frage 4a: Ein gesetzliches Erbrecht wird nicht geltend gemacht dagegen
Zu Frage 4b: eine bloße Nachlaßforderung
Zu Frage 5b: nur eine Nachlaßforderung.

Cassel.

Zu Frage 1a: . . . 1 150 Mk.
Zu Frage 1b: . . . 14 460 „

Außerdem wurden von den Unterstützten eingezogen durch Inanspruchnahme der Renten, des Krankengeldes, der Sterbekassenbeträge und des Nachlasses 10 830 Mk.

Gesonderte Aufführung der Beträge für offene Armenpflege und Anstaltspflege ist nicht möglich.

Zu Frage 2a: keine.
Zu Frage 2b: 2620 Mk.

Außerdem durch Inanspruchnahme von Renten der in Anstalten untergebrachten Personen 4780 Mk.

Zu Frage 3: Ersatz der Kosten von den Unterstützten versuchen wir in Güte zu erlangen. — Einen rechtlichen Anspruch haben wir nach früher ergangenen Entscheidungen nicht.

Zu Frage 4a: Nein.
Zu Frage 4b: Ja.
Zu Frage 5a und b: Nein.

Charlottenburg.

Zu Frage 1a und b: 66 082,40 Mk.
Zu Frage 2a und b: 66 000,00 Mk.
Zu Frage 3: Grundlage ist zweifelhaft. Teilweise „Vorschuß" — so bei den meisten Unterstützungen und bei Krankenhausaufnahme, teilweise Geschäftsführung ohne Auftrag, teilweise Bereicherung.
Gesetzliche Spezialvorschrift besteht nicht.
Zu Frage 4: Gemäß dem A.L.R. am gesamten Nachlaß, falls zur unentgeltlichen dauernden Verpflegung aufgenommen. Sonst bloß Nachlaßforderung.
Zu Frage 5a: Nein.
Zu Frage 5b: Ja, falls sich Vermögen ergibt.

Coblenz.

Zu Frage 1a: Offene Armenpflege . . . . . .   298 Mk.
              Krankenhauspflege . . . . . .   380 "
              Anstaltspflege der Geisteskranken usw.   7 730 "
              (Davon 3880 Mk. aus dem Nachlaß einer verstorbenen Kranken.)
Zu Frage 1b: Offene Armenpflege . . . .   670 "
              Waisenpflege . . . .   1 786 "
              Krankenhauspflege . . . . .   235 "
              Pflege der Geisteskranken . . .   975 "
Zu Frage 2a u. b: Offene Armenpflege . . . . .   300 "
              Waisenpflege . . . .   500 "
              Krankenpflege . . . . . .   500 "
              Pflege der Geisteskranken . . .   3 150 "

Sa.: 16 524 Mk.

Zu Frage 4a: Nein.
Zu Frage 4b: Ja.
Zu Frage 5b: Ja.

Cöln.

Zu Frage 1a und b:
  I. Offene Armenpflege . . . .   19 308 Mk.
  II. 1. Geschlossene Armenpflege in städtischen Anstalten . . . .   53 639 "
      2. dto. in nichtstädtischen Anstalten (Krankenpflege) . . . .   6 425 "
      3. dto. (Siechenpflege) . . . .   891 "

Sa.: 80 263 Mk.

Anhang.

Übertrag	80 263	Mk.
4. dto. Pflege von Geisteskranken, die nicht vom Landarmenverband übernommen sind¹	2 500	„
5. Waisenpflege	15 242	„
6. Invalidenhaus	—	
Sa.:	98 005	Mk.

Zu Frage 2:

I.	Wie oben	18 000	Mk.
II. 1.	„ „	53 000	„
2.	„ „	5 000	„
3.	„ „	1 200	„
4.	„ „	3 000	„
5.	„ „	11 000	„
6.	„ „	5 000	„
	Sa.:	96 200	Mk.

Zu Frage 3: Der Erstattungsanspruch wird neuerdings gegen den Unterstützten auf Grund besonderer Vereinbarung mit dem Unterstützungsempfänger geltend gemacht.

Wegen ungerechtfertigter Bereicherung wird dann Rückerstattung gefordert, wenn der Unterstützte zur Zeit der Hergabe der Unterstützung aus irgendwelchen Gründen (weil tatsächlich Vermögen usw. vorhanden war usw.) gar nicht unterstützungsbedürftig war. Ein hier vorliegendes Urteil des Oberlandesgerichts Cöln vom 17. Februar 1910 gründet einen Erstattungsanspruch gegen den Unterstützten auf § 68 des preußischen Ausführungsgesetzes zum Unterstützungs=Wohnsitz=Gesetz in seiner Fassung vom 11. Juli 1891. Das Urteil führt aus:

Der durch die Novelle gemachte Zusatz: „Die Klage ist gegen den Unterstützten und gegen seine alimentationspflichtigen Anverwandten zulässig" wäre vollständig überflüssig gewesen, wenn damit nicht eine über das Prozessuale hinausgehende Vorschrift hätte gegeben werden sollen; und diese Vorschrift kann doch offenbar nur die gewesen sein, daß nunmehr — außer der Erstattungspflicht der alimentationspflichtigen Angehörigen — „auch die Erstattungspflicht des Unterstützten selbst statuiert werden sollte." Gegen dieses Urteil hat die Gegenseite Revision eingelegt. Das Verfahren schwebt noch.

(Lölsdorf/Cöln 12 U 97/09.)

Zu Frage 4: Nach der bisherigen Praxis wurde hier von den eingebrachten Sachen bis zur Höhe der entstandenen Kosten Deckung gefordert, obwohl auf Grund des Staatsratsgutachtens vom 3. November 1809 (Bulletins IV 248 Nr. 4778, bei Damiels Handbuch Bd. 5 S. 422) an allen eingebrachten Sachen ein gesetzliches

---

¹ Für die Pflege von Geisteskranken, die unter das Gesetz vom 11. Juli 1891 fallen, sind insgesamt 57 766 Mk. erstattet; hierin sind jedoch auch die Erstattungen von Krankenkassen und Berufs=Genossenschaften enthalten. Getrennt werden diese Erstattungen nicht gebucht, weshalb nicht angegeben werden kann, wieviel auf Unterstützte usw. entfällt.

Erbrecht geltend gemacht werden kann. An dem übrigen Nachlaß, soweit er nicht eingebracht war, wird eine bloße Nachlaßforderung gestellt.
Zu Frage 5a: Nein.
Zu Frage 5b: Ja.

Crefeld.

Zu Frage 1: 34 711,72 Mk. (einschl. Invaliden- usw. Renten). Gesonderte Aufführung nicht möglich.
Zu Frage 2: 34 000 Mk.
Sonderung nicht vorgesehen.
Zu Frage 3: § 65 des Ausführungsgesetzes zum Unterstützungs-Wohnsitz-Gesetz.
Zu Frage 4a: Nein.
Zu Frage 4b: Vereinbarung mit den Angehörigen.
Zu Frage 5a und b: Wie vor.

Danzig.

Zu Frage 1a und b: Die Angaben können getrennt nicht gemacht werden.

Offene Armenpflege	20 777 Mk.
Krankenhauspflege	16 817 „
Armenhauspflege	9 960 „

Zu Frage 2a und b wie zu Frage 1a und b:

Offene Armenpflege	17 380 Mk.
Krankenhauspflege	20 230 „
Armenhauspflege	8 810 „

Zu Frage 3: Auf der Grundlage der rechtlosen Bereicherung.
Zu Frage 4a: Nein.
Zu Frage 4b: Ja.
Zu Frage 5a: Nein.
Zu Frage 5b: Ja.

Dortmund.

Zu Frage 1a und b 1908: 38 798,98 Mk.
Das Rechnungsjahr 1909 ist noch nicht zum Abschluß gelangt.
Zu Frage 2a: 1910: 20 000 Mk.
Zu Frage 2b: 18 500 Mk.
Zu Frage 3a auf Gesetz: Geschäftsführung ohne Auftrag und ungerechtfertigte Bereicherung §§ 683 ff. 823 ff. B.G.B.
Zu Frage 3b auf Vertrag: es wird darauf gesehen, daß die Unterstützten sich protokollarisch zur Rückzahlung verpflichten.
Der § 1673 bietet für die Durchführung des gesetzlichen Anspruches Schwierigkeiten. (Wir machen auf die Rundfrage der Stadt Hannover vom 20. März 1909 über diesen Punkt aufmerksam, ferner auf das Urteil des Oberlandesgerichts Hamm vom 9. Oktober 1908, abgedruckt im Preuß.

Verwaltungsblatt XXX S. 237 sowie auf das Preuß. Verwaltungsblatt Bd. 28 S. 849 ff., die Ansprüche der Armenverwaltungen müssen notwendig bei einer Revision des Reichs=Unterstützungs=Wohnsitz=Gesetzes klar gelegt werden, ähnlich wie dies durch § 19 des hamburgischen Gesetzes über das Armen= wesen geschehen ist.)

Zu Frage 4a und 5a: Nein, weil nutzlos.
Zu Frage 4b und 5b: Ja.

Düsseldorf.

Zu Frage 1:

	Nach dem Etat		
	1908	1909	1910
	Mk.	Mk.	Mk.
Armenpflege. Erstattete Unterstützungen und Bekleidungskosten	54 179,54	60 000	65 000
Krankenpflege. Erstattete Pflegekosten von Kranken in hiesigen Krankenhäusern, einschließlich Transportkosten	50 652,62	30 000	58 000
Erstattete Arzneikosten usw.	2 364,81	2 000	2 500
Erstattete Beerdigungskosten	2 242,41	2 000	2 500
Irrenpflege. Erstattete Pflegekosten für Irre	21 377,78	20 000	25 000
Pflege Epileptischer, Taubstummer, Blinder usw. in auswärtigen Anstalten	1 926,75	1 500	2 000
Waisenpflege. Erstattete Pflegekosten für Waisen	1 915,69	3 500	4 000

Zu Frage 3: Ein Ersatzanspruch gegen den Unterstützten läßt sich im Gebiete des ehemaligen Rheinischen Rechts nur auf rechtlose Bereicherung gründen.

Zu Frage 4: Ein gesetzliches Erbrecht steht bezüglich minderjähriger Kinder den Armenanstalten im Gebiete des ehemaligen Rheinischen Rechts gemäß Art. 56 und 57 des décret impérial concernant l'application du code Napoléon du 12 novembre 1809 zu, falls sich kein Erbe meldet. Meldet sich ein Erbe, so hat dieser, falls er den Nachlaß in Anspruch nimmt, die Armenverwaltung für alle Aufwendungen zu entschädigen.

Zu Frage 5a und b: Nein! Mangels gesetzlicher Bestimmung.

Duisburg.

Zu Frage 1a und b: 64 281 Mk. einschließlich der eingegangenen Renten.

Zu Frage 2a und b: 50 000 Mk.

Zu Frage 3: Auf Grund resolutorischer Verpflichtung (§ 65 des Ausf. Ges. z. U.W.G.) sowie freiwilliger Erklärung der Unterstützten.

Zu Frage 4a und b: Ja, in Höhe des gesamten Nachlasses, wenn das vorhandene bzw. zugefallene Vermögen so weit reicht. Mobiliarvermögen läßt sich die Armenverwaltung übertragen und nimmt dies bei Aufnahme in eine Anstalt direkt an sich und bei offener Armenpflege nach dem Tode.

Zu Frage 5a und b: Ja, wie zu 4.

Elberfeld.

Zu Frage 1a und b:
  Kurkosten und Unterstützungskosten . . . . 44 997,49 Mk.
  Armenhauspflegekosten . . . . 3 243,67 „
  Waisenhauspflegekosten . . . . 2 797,82 „
  Pflegekosten: Anstalt für verlassene Kinder . 2 432,27 „
Zu Frage 2a und b:
  Kurkosten und Unterstützungskosten . . . . 45 000,00 Mk.
  Armenhauspflegekosten . . . . 5 200,00 „
  Waisenhauspflegekosten . . . . 880,00 „
  Pflegekosten: Anstalt für verlassene Kinder . 1 300,00 „
Zu Frage 3: Geschäftsführung ohne Auftrag.
Zu Frage 4a: Nein.
Zu Frage 4b: Ja.
Zu Frage 5a: Nein.
Zu Frage 5b: Ja.

Elbing.

Zu Frage 1a: 659,98 Mk.
Zu Frage 1b: 4786,49 Mk.
Zu Frage 2a und b: 5000 Mk.
Zu Frage 3: Jede Unterstützung wird unter der Voraussetzung gewährt, daß bei einer Besserung der Verhältnisse des Hilfsbedürftigen oder der Angehörigen Erstattungen erfolgen muß.

Zu Frage 4a und b: Auf den gesamten Nachlaß solcher Personen, die in hiesigen Hospitälern untergebracht sind auf Grund des Allgemeinen Landrechts Teil II Titel 19 §§ 50 ff.

Zu Frage 5a: Nein.
Zu Frage 5b: Ja.

Erfurt.

Zu Frage 1a und b: 35 993,91 Mk.

Davon entfallen auf offene Armenpflege, Verpflegungskosten in hiesigen Krankenhäusern usw. 8145,79 Mk., auf die in den Provinzialheilanstalten untergebrachten Personen 27 848,12 Mk.

Eine weitere gesonderte Aufführung ist nicht möglich, da die eingehenden Beträge zusammen unter einer Position vereinnahmt werden.

Zu Frage 2a und b: 7300 Mk. gegen 231 440 Mk. jährlich öffentlicher Unterstützungen aller Art.

Zu Frage 3: Nützliche Verwendung und ungerechtfertigte Bereicherung. B.G.B. § 812 §§ 262, 268, 269 I 13 A.L.R. (nicht aufgehoben durch Art. 89 A.G. zum B.G.B.) § 68 A.G. zum U.W.G. Entsch. des R.G. Bd. 14 S. 198 und verschiedene andere Entscheidungen.

Zu Frage 4a: Ja, im ganzen Umfange auf Grund der §§ 50 ff. II 19 A.L.R.

Anhang. 65

Zu Frage 5a: Ja. Auf Grund des für Erfurt noch geltenden Kurfürstlich Mainzischen Ediktes vom 10. Februar 1796 (Einf. Ges. zum B.G.B. Art. 139). Ähnlich übrigens in Berlin!

Essen.

Zu Frage 1:
a) Offene Armenpflege . . . . 16 548,03 Mk.
b) Geschlossene Armenpflege . . . 26 840,54 „
c) Armenhauspflege . . . . . 374,95 „
d) Waisenhauspflege . . . . 7 354,37 „
e) Wöchnerinnenpflege . . . 292,— „

Zu Frage 2:
a) Offene Armenpflege . . . . 16 000,— „
b) Geschlossene Armenpflege . . . 22 000,— „
c) Armenhauspflege . . . . . 400,— „
d) Waisenhauspflege . . . . 4 790,— „
e) Wöchnerinnenpflege . . . 505,00 „

Zu Frage 3: Neben den **gesetzlichen** Erstattungsansprüchen werden auch die **freiwilligen** verfolgt, ohne solche bis zur Klageerhebung gelangen zu lassen.

Zu Frage 4: Auf jeden Nachlaß wird Anspruch erhoben und zwar bis zur Höhe der entstandenen Kosten. Letztere völlig einzuziehen, ist in den meisten Fällen unmöglich.

Zu Frage 5: Wie zu 4.

Flensburg.

Zu Frage 1a und b: Erstattete Unterstützungen: von den Unterstützten selbst oder von dritten Personen feststehende Beträge, das sind solche Beträge, zu denen die Betreffenden sich schriftlich verpflichtet haben oder zu denen sie durch den Kreis (Stadt=Ausschuß) nach § 65 des Ag. z. U.W.G. verurteilt sind. 1910 5800 Mk., desgleichen unregelmäßige Beträge 11 500 Mk.

Zu Frage 4: Bisher hat es sich immer nur um ganz wertlose Sachen gehandelt, die die in der Armenanstalt untergebrachten Personen mitgebracht hatten. Diese Sachen wurden von Erben nicht reklamiert und sind, da ein Nachlaßpfleger bei dem geringen Wert nicht bestellt worden war, in der Anstalt mit in Benutzung genommen.

Zu Frage 5: In zwei Fällen hatten die Angehörigen eines Ver= storbenen einen Anspruch aus einer Abonnentenversicherung an die Kieler Zeitung. Wir haben mit den Erben vereinbart, daß sie vergleichsweise einen Teil der Versicherungssumme an uns abtreten.

Frankfurt a. O.

Zu Frage 1a: Offene Armenpflege . . . . 963,03 Mk.
Geschlossene Armenpflege . . . 1 913,12 „
Zu Frage 1b: Offene Armenpflege . . . . 1 041,94 „
Geschlossene Armenpflege . . . 298,67 „

Zu Frage 2a u. b: Offene Armenpflege . . . . 2 167,00 Mk.
                   Geschlossene Armenpflege . . . 2407   „
                   Zusammen für a und b.

Die Positionen zu a und b sind in unserem Etat nicht unterschieden. Zu 1 beruhen die Angaben auf gesonderter Rechnungsführung.

Zu Frage 3: Rechtlose Bereicherung.
Zu Frage 4a: Ja und im vollen Umfange.
Zu Frage 5a: Nein.
Zu Frage 5b: Ja.

Gelsenkirchen.

Erstattungen durch die Unterstützten und ihre Angehörigen sowie die laufenden Unterhaltsbeiträge werden im diesseitigen Haushaltsplan nicht getrennt, sondern unter einem Titel vereinnahmt, weshalb die Fragen Nr. 1 und 2 des Fragebogens nicht beantwortet werden können.

Unser Erstattungsanspruch stützt sich in der Regel auf die Grundlage der Vorschußgewährung und der Geschäftsführung ohne Auftrag.

Es wird weder ein Erbrecht noch eine Nachlaßforderung geltend gemacht, abgesehen von einzelnen Fällen, in denen Anverwandte des Verstorbenen nicht vorhanden sind.

Görlitz.

Zu Frage 1a und b: Offene Armenpflege . . 12 296,95 Mk.
                    Krankenhauspflege . . . 7 717,68 „
                    Siechenhauspflege . . . 3 192,80 „
                    Prov. Pflegeanstalten . . 4 252,24 „
Zu Frage 2a und b: Offene Armenpflege . . 15 000,— „
                    Krankenhauspflege . . . 3 000,— „
                    Siechenhauspflege . . . 4 500,— „
                    Prov. Pflegeanstalten . . 6 000,— „

Zu Frage 3: Gegen den Unterstützten gilt die Unterstützung als „Vorschuß" gegen seine Angehörigen, falls die zur Zeit der Unterstützung unterhaltsfähig waren, als rechtlose Bereicherung.

Zu Frage 4a: Ja, nur in Höhe der für den Verstorbenen tatsächlich aufgewendeten Kosten.

Zu Frage 5a: Wie oben.

Hagen i. W.

Zu Frage 1a: 5177,43 Mk.
Zu Frage 1b: 22 106,95 Mk.

Eine gesonderte Aufführung für offene und Anstaltspflege ist nicht möglich.

Zu Frage 2a und b: 28 000 Mk.

(Die Beträge zu a und b werden im Haushaltsplan nicht gesondert aufgeführt.)

Zu Frage 3: Es wird davon ausgegangen, daß die Unterstützung als Vorschuß anzusehen ist, den der Unterstützte zu erstatten verpflichtet ist, sobald er hierzu in der Lage ist, — § 68 des Gesetzes vom 8. März 1871 und die Ministerial-Instruktion vom 10. April 1871 — M. Bl. S. 132.

Zu Frage 4a und b: Je nach den Umständen des einzelnen Falles, in der Regel nur bloße Nachlaßforderung bis zur Höhe der für den Verstorbenen aufgewendeten Kosten.

Zu Frage 5: Wie zu 4.

Halle a. S.

Zu Frage 1a: Offene Armenpflege . . . . 3592 Mk.
Geschlossene Armenpflege . . . . . 7000 „
Kinderpflege . . . . 220 „

Zu Frage 1b: Offene Armenpflege . . . . 7169 „
Geschlossene Armenpflege . . . . . 8853 „
Kinderpflege . . . . 6129 „

Zu Frage 2a und b: Eine Trennung der nebenbezeichneten Einnahmen findet in den hiesigen Etats nicht statt.

Zu Frage 3: Ein Rückforderungsanspruch wird eventuell auf Grund der Vorschriften des Bürgerlichen Gesetzbuchs über ungerechtfertigte Bereicherung oder auf Grund der §§ 262 ff. I 13 A.L.R. oder auf Grund des § 68 des Ausf. Ges. zum U.W.G. geltend gemacht.

Zu Frage 4: Es wird ein gesetzliches Erbrecht am gesamten Nachlaß geltend gemacht zwecks Deckung der aufgewendeten Kosten.

Zu Frage 5: Es wird in der Regel als Nachlaßforderung Ersatz aus dem Nachlaß nur gefordert, insoweit Angehörige Ansprüche nicht erheben.

Hannover.

Zu Frage 1:

Rechnungsjahr 1908/09.

Offene Armenpflege . . . . 27 770,93 Mk.
Geschlossene Armenpflege . . . . 6 503,52 „
Krankenhauspflege . . . . 19 352,76 „
Irrenanstaltspflege . . . . 14 520,56 „
Armen- und Waisenpflege . . . . . . 1 849,82 „
Alters- und Pflegeheimpflege . . . . . . 3 386,06 „

Zu Frage 2: Kann nicht angegeben werden, weil im Voranschlage die Erstattungen von Unterstützten und deren Angehörigen nicht getrennt für sich, sondern mit den Erstattungen von Krankenkassen, Berufsgenossenschaften und Landesversicherungsanstalten zusammen veranschlagt sind.

Zu Frage 3: Ein Erstattungsanspruch gegen den Unterstützten besteht im Geltungsbereiche des gemeinen Rechts nicht. Vgl. Entsch. d. Reichsgerichts vom 13. April 1899 Preuß. Verw. Blatt 21 S. 75 und Art. 103 des E.G. zum B.G.B.

68   I. Preußen: Hagen. Halle. Hannover. Kiel. Königsberg i. Pr.

Zu Frage 4 und 5: Nein.
Auf den Nachlaß wird nur dann Anspruch erhoben, wenn Angehörige nicht vorhanden sind.

Kiel.

Zu Frage 1:
1. Offene Armenpflege . . . . . 9 460,37 Mk.
2. Geschlossene Armenpflege . . . 867,68 „
3. Krankenpflege . . . . . . 20 676,31 „
4. Kinderpflege . . . . 17 592,47 „
5. Fürsorgeerziehung . . . . . 864,89 „

Zus.: 49 461,72 Mk.

Zu Frage 2:
1. Offene Armenpflege . . . . . 9 000 Mk.
2. Geschlossene Armenpflege . . . 750 „
3. Krankenpflege . . . . . . 20 000 „
4. Kinderpflege . . . . 20 000 „
5. Fürsorgeerziehung . . . . . 500 „

Zus.: 50 250 Mk.

Zu Frage 3: Die zweifelhafte Frage, ob die Armenverbände berechtigt sind, die Erstattung ihrer Aufwendungen von den Unterstützten und ihren zum Unterhalt gesetzlich verpflichteten Verwandten zu verlangen, wird hier in bejahendem Sinne beantwortet und demgemäß verfahren. Ausführliche Rechtsausführungen über diese Frage finden sich im Kommentar zum Gesetz über den Unterstützungswohnsitz von Eger (5. Auflage, Anm. 83 zu § 28, S. 163 ff.).

Zu Frage 4 und 5: Ein gesetzliches Erbrecht wird hier nicht geltend gemacht, sondern nur eine Nachlaßforderung, soweit Angehörige dieselbe nicht reklamieren.

Königsberg i. Pr.

Zu Frage 1:
 a) Offene Armenpflege . . . . 1 699,89 Mk.
 b) Krankenhausverwaltung . . . . 1 542,97 „
 a) Offene Armenpflege . . . . 8 774,72 „
 b) Krankenhausverwaltung . . . . 5 590,73 „
 a) Armenhausverwaltung (hauptsächlich Renten) 9 500,64 „
 b)   „   „   „   . 598,90 „
 a) Kinderasyl . . . . —
 b)   „   . . . . 1 767,48 „
 a) Siechenhaus-Verwaltung . . . . 9 188,55 „
 b)   „   „   . . . . 409,90 „

Zu Frage 2:
 a) Offene Armenpflege . . . . —
 b) Krankenhausverwaltung . . . . —
 a) Offene Armenpflege . . . . 3 100,00 „
 b) Krankenhausverwaltung . . . .

Anhang. 69

  a) Armenhaus . . . . — Mk.
  b)   „   . . . . 10 000,00 „
  a) Kinderasyl . . . . —
  b)   „   . . . . 2 000,00 „
  a) Siechenhaus . . . . —
  b)   „   . . . . 9 000,00 „

Zu Frage 4: Für das Siechenhaus und Farnheidsche Armenstift wird ein gesetzliches Erbrecht auf den gesamten Nachlaß geltend gemacht. Dieses Erbrecht wird den Aufzunehmenden bei oder vor ihrem Einzuge bekannt gemacht.

Zu Frage 4: Krankenhaus- und Armenhaus-Nachlaßforderung.

Zu Frage 5: Nachlaßforderungen.

Königshütte (O.-S.).

Zu Frage 1a: 10 547,66 Mk.
Zu Frage 1b: 5 201,70 „
Zu Frage 2a und b: 15 883,00 Mk.
Zu Frage 3: Teils Vorschuß, teils Geschäftsführung ohne Auftrag.
Zu Frage 4: Ja, auf den gesamten Nachlaß.
Zu Frage 5a und b: Ja, Nachlaßforderung in Höhe der tatsächlichen Aufwendungen.

Lichtenberg.

Zu Frage 1a und b: 5370,49 Mk.
Zu Frage 2a und b: Rechnungsjahr 1910: 4300,00 Mk.
Zu Frage 3: Ungerechtfertigte Bereicherung in Verbindung mit § 68 des Ausführungsgesetzes zum Unterstützungs-Wohnsitz-Gesetz.
Zu Frage 4: Nur den im hiesigen Armenhause dauernd befindlichen Personen wird das Erbrecht am gesamten Nachlaß bekannt gemacht.
Zu Frage 5a: Nein.

Liegnitz:

Zu Frage 1:
  1. Offene Armenpflege einschließlich erstattete Kurkosten und Anstaltspflegekosten für Geisteskranke, auch Fürsorgekosten . . . . 3731,33 Mk.
  2. Armenhaus . . . . 3871,10 „
  3. Kinderheim (Waisenhaus) . . . . . . 643,25 „

Erstattete Kosten für im hiesigen Krankenhause stattgefundene Verpflegung sind in vorstehenden Zahlen nicht enthalten. Die besondere Feststellung würde zu viel Zeit erfordern.

Zu Frage 2: 1. 4500 Mk.
               2. 3500 „
               3. 600 „

Zu Frage 3: Die Beitreibung erfolgt zum größten Teil nach gütlicher Vereinbarung mit den Unterstützten selbst oder deren alimentations=

pflichtigen Anverwandten. Eventuell durch Beitreibung im Verwaltungszwangsverfahren, oder durch zwangsweise Beitreibung der Alimente durch Vermittlung der Vormünder. Von der Klage bei den ordentlichen Gerichten wird nur selten Gebrauch gemacht.

Zu Frage 4 und 5: Ja, für die im Armen- und Siechenhaus untergebrachten Personen auf den gesamten Nachlaß, welcher zunächst nur aus minderwertigem Mobiliar besteht.

Bei anderweit unterstützten Personen erfolgt Anmeldung unserer Ansprüche beim Nachlaßgericht falls Erben nicht vorhanden oder bekannt sind, falls Erben vorhanden, werden unsere Ansprüche gegen diese an dem Nachlaß geltend gemacht.

Linden.

Zu Frage 1a: 16 357 Mk.
Zu Frage 1b: 7 102 „
Gesonderte Aufführung der Beträge ist nicht festzustellen.
Zu Frage 2a und b: Gemäß Haushaltungsplan: 21 000 Mk.
Zu Frage 4a: Nein.
Zu Frage 5a: Nein.

Magdeburg.

Zu Frage 1a und b:
Im Rechnungsjahr 1908 gingen ein als Erstattungen für:
   Offene Armenpflege . . . . 36 175 Mk.
   Geschlossene Armenpflege . . . . 93 770 „
Zu Frage 2a und b:
Im Haushaltungsplan für 1910 sind vorgesehen:
   Offene Armenpflege . . . . 35 950 „
   Geschlossene Armenpflege . . . . 109 790 „

Eine Trennung, wie sie vorstehend unter a und b gewünscht wird, ist nach den hier bestehenden Einrichtungen nicht möglich.

Zu Frage 3: Vorschuß.
Zu Frage 4: In der Regel nehmen wir nur die mitgebrachten Sachen in Anspruch. Bringen wir anderes Besitztum in Erfahrung, so nehmen wir gemäß Artikel 139 des Einf.Ges. zum B.G.B. und §§ 50 ff. A.L.R. den gesamten Nachlaß in Anspruch.
Zu Frage 5a: Nein.
Zu Frage 5b: Ja, siehe zu Frage 3.

Mühlheim a. Rh.

Zu Frage 1:
   Rechnungsjahr 1909:
1. Offene Armenpflege . . . . a) 1759,30 Mk.
   b) 3763,68 „
2. Krankenhauspflege . . . . a) 1533,85 „
   b) 1123,38 „

Anhang. 71

3. Armenhauspflege . . . . { a) 1460,44 Mk.
b) 537,60 „

4. Waisenhauspflege . . . . { a) 86,65 „
b) 1418,63 „

5. Sonstige Anstaltspflege . . . . . . { a) 2575,06 „
b) 2587,53 „

Rechnungsjahr 1910.

1. Offene Armenpflege . . . { a) Kann im voraus nicht ziffernmäßig angegeben werden.
b) 4457,37 Mk.

2. Krankenhauspflege . . . { a) Wie zu 1a.
b) Wie zu 1a.

3. Armenhauspflege . . . . { a) Wie zu 1a.
b) 1010,10 Mk.

4. Waisenhauspflege . . . . { a) Wie zu 1a.
b) 1943,80 Mk.

5. Sonstige Anstaltspflege . . { a) Wie zu 1a.
b) 2762,00 Mk.

Zu Frage 3: Daß die Armenunterstützungen nur als Vorschuß gegeben werden und von dem Unterstützten bzw. den mitverpflichteten Angehörigen zurückzuzahlen sind, sobald sie zur Erstattung imstande sind. Die Verpflichtung hierzu wird schriftlich niedergelegt bzw. bei Stellung des Antrages von den Unterstützten anerkannt.

Zu Frage 4: Nein. Etwa vorhandener Nachlaß wird dann in Anspruch genommen, wenn keine Angehörigen vorhanden, oder diese gegen die Inanspruchnahme keine Einwendungen erhoben. In den meisten Fällen wird ein Einverständnis erzielt.

Zu Frage 5: Wie zu Ziffer 4.

München-Gladbach.

Zu Frage 1a und b: 16263 Mk.
Zu Frage 2a und b: 18000 Mk.
Zu Frage 3: Diesseits wird verfahren nach Anmerkung 84 zu § 28 des Kommentars zum Unterstützungs-Wohnsitz-Gesetz von Eger.
Zu Frage 4 und 5: Es wird eine Nachlaßforderung in Höhe der aufgewendeten Kosten geltend gemacht.

Münster.

Zu Frage 1a: 1. Offene Armenpflege . . . . 763,13 Mk.
2. Krankenhauspflege . . . . 2470,51 „
3. Armenhäuser . . . . . . 1097,54 „

In 3 sind die Nachlässe verstorbener Pfründner mit enthalten.

Zu Frage 1b: 1. Armenpflege . . . . . . 14948,39 Mk.
2. Krankenhauspflege . . . . 2781,80 „

3. Armenhäuser . . . . . . 817,65 Mk.
4. Waisenhaus . . . . . . 1 768,— „

In b 1. sind mit enthalten die Erstattungen von Krankenkassen und Alters= und Invaliden=Versicherungs=Anstalten.

Zu Frage 2 a: 1. Armenpflege . . . . . . 600,— Mk.
2. Krankenhauspflege . . . . 650,— „
Zu Frage 2 b: 1. Armenpflege . . . . . 16 000,— Mk.
2. Krankenhauspflege . . . . 3 500,— „

In b 1. sind wie bei Frage 1 b 1. ebenfalls mit enthalten die Erstattungen von Krankenkassen und Alters= und Invaliden=Versicherungs= Anstalten. Bei den Armenhäusern ist im Etat im Voranschlag nicht enthalten.

Zu Frage 3: Die Unterstützungen werden hier als Vorschuß gezahlt.
Zu Frage 4 a: Ja, den gesamten Nachlaß.
Zu Frage 4 b: —.
Zu Frage 5 a: Nein.
Zu Frage 5 b: Nein.

Osnabrück.

Zu Frage 1 a: 32,69 Mk. (Offene Armenpflege).
Zu Frage 1 b: Für offene Armenpflege. . . . . 945,26 Mk.
 „ Krankenhauspflege . . . . 318,79 „
 „ Waisenhauspflege . . . . 100,50 „
 „ sonstige Anstaltspflege. . . . 3902,89 „
 Summa: 5277,44 Mk.

Zu Frage 2 a und b: 9400 Mk. einschließlich der Einnahme an Renten, Krankenkassen=Unterstützungen und sonstigen Erstattungen. Eine Trennung der Einnahmen nach a und b (siehe nebenstehend) ist nicht möglich.

Zu Frage 3: Für das Gebiet des gemeinen Rechts ist die Frage des Rechtsgrundes der Erstattungspflicht sehr bestritten und vielfach auch vom Reichsgericht in einer den Ortsverbänden ungünstigen Weise auch für den Fall entschieden, daß die Unterstützten später zu Vermögen gelangen, vorausgesetzt, daß zur Zeit der Unterstützung die Voraussetzungen für die armenrechtliche Unterstützung vorgelegen haben.

Zu Frage 4 b: Ja.
Zu Frage 5 a: Nein.
Zu Frage 5 b: Ja.

Posen.

Zu Frage 1 a und b: Eine Trennung der Einnahmen nach a und b erfolgt hier nicht, sondern bei der Armenpflege nur eine solche für offene und für geschlossene Pflege. Bei der Kinderpflege sind alle Einnahmen gemeinsam gebucht, ohne Unterschied, ob es Erstattungen von Armen= verbänden, oder von unterhaltspflichtigen Angehörigen, oder von sonstiger

Seite sind. Die Erstattungen der Kinderpflege müssen deshalb ganz ausscheiden, denn eine nachträgliche Trennung wäre nicht nur äußerst zeitraubend, sondern auch schwierig und wenig zuverlässig. In den Summen bei der Armenpflege sind auch alle Erstattungen von Privaten gebucht ohne Unterschied, ob von den Unterstützten selbst oder von unterhaltspflichtigen Angehörigen oder von sonstiger Seite. Für 1909 sind aufgekommen von **Privatverpflichteten** (die Erstattungen von Krankenkassen, Berufsgenossenschaften, Landesversicherungs-Anstalten werden gesondert gebucht):

Offene Armenpflege . . . . 13 364 Mk.
Geschlossene Armenpflege . . . . . 14 549 „

Zu Frage 2: Mit der zu 1 erläuterten Einschränkung:
Offene Armenpflege . . . . 9 000 Mk.
Geschlossene Armenpflege . . . 15 000 „

Zu Frage 3: Erstattungsansprüche gegen die Unterstützten selbst sollen nach einem Urteil des Oberlandesgerichts Posen vom 6. Mai 1908 U. 52/08 auf Grund des A.L.R. u. Art. 3 des preuß. Ges. vom 11. Juli 1891 (Zusatz zu § 68 des preuß. Ges. vom 8. März 1871) zulässig sein, nach dem Urteil des Oberlandesgerichts Marienwerder vom 18. Mai 1908 U. 93/08 aber nicht, soweit die Zeit nach dem 1. Januar 1900 in Frage kommt. Beide Urteile sind abgedruckt in der „Juristischen Monatsschrift für Posen, West- und Ostpreußen und Pommern, XI. Jahrg. Nr. 4/5 April/Mai 1908. Im allgemeinen wird, wenn überhaupt, hier der Versuch der Wiedereinziehung gemacht, ohne daß dem Schuldner eine gesetzliche Bestimmung vorgehalten wird. Das Landgericht Gnesen hat in einem Urteil vom 20. Januar 1909 2 b S. 142/08 den Erstattungsanspruch für einen zu Vermögen gekommenen Unterstützten für ungesetzlich erklärt.

Zu Frage 4: Wenn dem in die Anstalt Aufgenommenen das Erbrecht des Armenverbandes nach Teil II Titel 19 § 50 ff. A.L.R. gemäß § 60 a. a. O. bekannt gemacht worden ist, wird der gesamte Nachlaß in Anspruch genommen, soweit nicht Leibeserben darauf Anspruch haben; in den anderen Fällen nur bloße Nachlaßforderung.

Zu Frage 5a und b: Nein, es sei denn, daß der Nachlaß geringwertig ist und Erben sich nicht ermitteln lassen.

Potsdam.

Zu Frage 1a und b: Für das Rechnungsjahr 1909:
Für offene Armenpflege . . . . 1 647 Mk.
„ geschlossene Armenpflege . . . . 6 923 „

Zu Frage 2a und b:
Offene Armenpflege (einschließlich der Erstattungen von
 auswärtigen Armenverbänden) . . . . 19 000 „
Geschlossene Armenpflege (einschließlich der Erstattungen
 von auswärtigen Armenverbänden) . . . . . 10 200 „

Zu Frage 3: § 812 B.G.B. § 1601 und ff. des Bürgerlichen Gesetzbuches und § 65 des Ausführungsgesetzes vom 8. März 1871.

Zu Frage 4: Ja, am gesamten Nachlaß, aber nur in Höhe der tatsächlich aufgewendeten Kosten.
Zu Frage 5a: Ja.
Zu Frage 5b: In einzelnen geeigneten Fällen.

Rixdorf.

Zu Frage 1a und b: 55 781,27 Mk. im Rechnungsjahre 1909.
Zu Frage 2a und b: 45 000 Mk. für das Rechnungsjahr 1910.
Zu Frage 3: Geschäftsführung ohne Auftrag und vertragliche Verpflichtung durch Unterschreibung eines Reverses.
Zu Frage 4: Gesetzliches Erbrecht am gesamten Nachlaß.
Zu Frage 5a: Nein.
Zu Frage 5b: Ja.

Schöneberg.

Zu Frage 1: Von den Verpflichteten sind auf die ihnen oder ihren Angehörigen gewährten Unterstützungen aller Art im Rechnungsjahre 1909 erstattet worden 33 535 Mk.

Gesonderte Angaben nach a und b sowie nach den oben angegebenen weiteren Gesichtspunkten sind ohne erhebliche Mühewaltung und ohne den Aufwand einer langen Zeit nicht möglich, weil sie nur auf Grund der Akten jeder einzelnen Person erfolgen können.

Zu Frage 2: An Erstattungen wie zu 1 sind für das laufende Rechnungsjahr 36 000 Mk. vorgesehen.
Zu Frage 3: Jede Unterstützung wird als ein Vorschuß betrachtet.
Zu Frage 4: Bei Unterbringungen in Siechen- und Armenhäusern haben wir in früheren Jahren von dem Erbrecht Gebrauch gemacht. Da aber die Nachlässe fast ausnahmslos keinen Wert hatten und uns besondere Erbschaften von Wert niemals zugefallen sind, haben wir das Verfahren eingestellt. Zurzeit schweben Erörterungen über die Wiedereinführung.
Zu Frage 5: In geeigneten Fällen — ja.

Spandau.

Zu Frage 1: Eine derartige Scheidung fand nicht statt.
Unterschieden wurden:
    a) Wieder eingezogene an hier als angehörige Arme geleistete Unterstützungen laut Durchschnittsberechnung . . . . 7 500 Mk.
    b) Wieder eingezogene an hier nicht ortsangehörige Arme geleistete Unterstützungen laut Durchschnittsberechnung . . . . 22 000 „

Zu Frage 2: Eine solche Scheidung findet nicht statt.
Unterschieden wurden:
    a) Wie oben: laut Durchschnitt . . . . 9 000 Mk.
    b) Wie oben: „   „   . . . . . . 23 000 „

Anhang. 75

Zu Frage 3: Vertrag! Die Gewährung von Unterstützungen erfolgt gegen die unterzeichnende Verpflichtung; die Unterstützung geschieht vorbehaltlich der späteren Erstattungspflicht an den unterstützenden Ortsarmenverband. Im übrigen auf Grund rechtloser Bereicherung.

Zu Frage 4a: Nein.
Zu Frage 4b: Ja.
Zu Frage 5a: Nein.
Zu Frage 5b: Ja.

Stettin.

Zu Frage 1a und b:

Für 1. April 1909 bis Ende März 1910:

Offene Armenpflege	15 900 Mk.
Anstaltspflege:	
Krankenhaus, einschließlich Erstattungen von Krankenkassen	246 750 „
Siechenhäuser	19 650 „
Versorgungsheim	7 390 „
Kinderpflegeanstalten	4 065 „
	277 855 Mk.
Summa:	293 755 Mk.

Spezielle Angaben über die Zusammensetzung der einzelnen Summen lassen sich nicht machen, da eine getrennte Buchung nicht erfolgt ist.

Erstattungen von fremden Armenverbänden sind in den Summen nicht enthalten.

Zu Frage 2a und b:

Für 1. April 1910 bis Ende März 1911.

Offene Armenpflege	12 000 Mk.
Anstaltspflege:	
Krankenhaus, einschließlich Erstattungen von Krankenkassen	248 000 „
Siechenhäuser	15 700 „
Versorgungsheime (A. H.)	4 500 „
Kinderpflegeanstalten	3 400 „
	271 600 Mk.
Summa:	283 600 Mk.

Zu Frage 3: Der Erstattungsanspruch wird geltend gemacht:
 a) gegen den Unterstützten selbst je nach Lage der Sache aus verschiedenen Rechtstiteln,
 b) gegen alimentationspflichtige Angehörige aus § 1601 B.G.B.

Zu Frage 4: Nach Maßgabe des § 50 Thl. II Titel 19 A.L.R. (Einf.Ges. Art. 139 zum B.G.B.).

Zu Frage 5: Nur wenn der Fall dazu angetan ist. In der Regel handelt es sich um minderwertigen Mobiliarnachlaß, dessen Verkaufserlös die entstehenden Kosten nicht einmal decken würde.

Wiesbaden.

Zu Frage 1a und b: Zusammen 30 113,55 Mk.
Zu Frage 2: Zusammen 25 000 Mk.
Einzelangabe ist nicht möglich, da eine getrennte Buchung nicht stattfindet.
Zu Frage 3: Auf Grund der Vorschußleistung und Abgabe der Erklärung:
„Ich erkenne hiermit an, daß mir die Unterstützung seitens der hiesigen Stadtgemeinde vorschußweise gewährt wird und verpflichte mich zu deren Erstattung."
Zu Frage 4a: Nein.
Zu Frage 4b: Ja, in Höhe der für den Verstorbenen tatsächlich aufgewendeten Kosten.
Zu Frage 5a: Nein.
Zu Frage 5b: Ja, wie bei Nr. 4.

Wilmersdorf-Berlin.

Zu Frage 1a: 8299,60 Mk.
Zu Frage 1b: 3928,01 „
Gesonderte Aufführung nicht möglich.
Zu Frage 2a und b: 8000 Mk.
Zu Frage 3: Die Antragsteller verpflichten sich, bei Inanspruchnahme der öffentlichen Armenpflege die Kosten zurückzuerstatten. Im übrigen § 62 U.W.G.
Zu Frage 4a: Ja. Am gesamten Nachlaß.
Zu Frage 5a: Nein.
Zu Frage 5b: Ja.

II. Bayern.

Augsburg.

Rechnungsjahr 1909.

Zu Frage 1a: 30 892 Mk.
Zu Frage 1b: 3 800 Mk.

Ausscheidung:

Erstattung durch	a) den Unterstützten	b) Unterhaltspflichtigen
Offene Armenpflege	1 480 Mk.	332 Mk.
Krankenhauspflege	676 „	402 „
Armenhauspflege	17 390 „	674 „
Waisenhauspflege	339 „	240 „
Sonstige Anstaltspflege	11 007 „	2 152 „
Sa.:	30 892 Mk.	3 800 Mk.

Anhang.

Zu Frage 2: Im ganzen sind an zu erwartenden Ersatzleistungen 34 125 Mk. vorgesehen, welcher Betrag nicht ausgeschieden ist.

Zu Frage 3: Die Erstattungsansprüche gründen sich auf Art. 5 und 6 des bayrischen Armengesetzes vom 29. April 1869, auf das Bürgerliche Gesetzbuch und auf die deutsche Versicherungsgesetzgebung.

Zu Frage 4: Bei solchen Personen richtet sich die Nachlaßforderung nach Art. 8 des bayrischen Armengesetzes und diese erstreckt sich nur auf die Höhe des tatsächlichen Aufwandes, es sei denn, daß beim Anstaltseintritte das Gesamtvermögen der Armenkasse zum unbedingten Eigentum überwiesen worden ist.

Zu Frage 5: Bei in offener Armenpflege Verstorbenen wird nur eine Nachlaßforderung geltend gemacht.

Fürth.

Pro 1909.

Zu Frage 1: a) Offene Armenpflege . . . . . 907 Mk.
b) " " . . . . . 1 516 „
Für Anstaltspflege, Geisteskranke, Invalidenrenten . . . . 2 249 „
Für Pfründner (Armenhaus) Sterbegelder 538 „

Zu Frage 2a und b: Zusammen 4500 Mk. — unausgeschieden.

Zu Frage 3: Art. 5, 6 und 8 des bayrischen Gesetzes über die öffentliche Armen- und Krankenpflege.

Artikel 101 und 102.

Zu Frage 4: Bayrisches Ausführungsgesetz zum Bürgerlichen Gesetzbuch. Rechte der öffentlichen Wohltätigkeitsanstalten in Ansehung des Nachlasses unterstützter oder verpflegter Personen.

Artikel 101.

Öffentliche Wohltätigkeitsanstalten können aus dem Nachlasse der von ihnen innerhalb der letzten zehn Jahre unterstützten oder unentgeltlich verpflegten Personen Ersatz der für die Unterstützung oder Verpflegung gemachten Aufwendungen für die ganze Dauer der Leistung verlangen, soweit nicht durch die Geltendmachung des Anspruchs der notdürftige Unterhalt eines pflichtteilsberechtigten Angehörigen des Erblassers gefährdet werden würde.

Der Ersatzanspruch kann nicht zum Nachteile der Nachlaßgläubiger geltend gemacht werden. Verbindlichkeiten aus Pflichtteilsrechten, Vermächtnissen und Auflagen bleiben außer Betracht.

Artikel 102.

Durch die Satzungen einer öffentlichen Verpflegungsanstalt kann der Anstalt ein Recht auf die Sachen eingeräumt werden, welche von einer Person, die in der Anstalt bis zum Tode unentgeltlich verpflegt worden ist, zum Zwecke des Gebrauchs in der Anstalt eingebracht worden sind.

Das Eigentum an den der Anstalt zufallenden Sachen geht mit dem Eintritte des Erbfalls auf die Anstalt über. Der Wert der Sachen wird auf den der Anstalt zustehenden Ersatzanspruch angerechnet.

Zu Frage 5a und b: Vgl. Art. 8 des bayr. Armengesetzes.

Kaiserslautern.

Zu Frage 1: Nachdem keine Ausscheidung im Sinne obiger Anfrage besteht, kann dieselbe nicht beantwortet werden.

Zu Frage 2: Gleiche Antwort wie zu Ziffer 1.

Zu Frage 3: Auf Grund des Art. 5 Abs. 1 des bayr. Armengesetzes.

Zu Frage 4a: Nein.

Zu Frage 4b: Beim Vorhandensein der Voraussetzungen ja nach Art. 8 des bayr. Armengesetzes.

Zu Frage 5a: Nein.

Zu Frage 5b: Wie bei Ziffer 4b.

Ludwigshafen.

Zu Frage 1: Die Unterstützungsrückersätze durch die Unterstützten selbst betrugen im Jahre 1909

    a) Für offene Armenpflege . . . . . . 625,78 Mk.
        für Anstaltspflege . . . . —,— „

                                        Summa a: 625,78 Mk.

    b) Durch unterhaltspflichtige Angehörige für
        offene Armenpflege . . . . 4 764,20 Mk.
        für Anstaltspflege . . . . 438,— „

                                        Summa b: 5 202,20 Mk.

    c) Durch Überweisungen von Invaliden- und Unfallrenten der Unterstützten an die Armenpflege:
        für Aufwand in der offenen Armenpflege . 684,70 Mk.
        für Deckung des Aufwandes der Anstaltspflege . . . . 3 111,08 „

                                        Summa c: 3 795,78 Mk.

Zu Frage 2: Als Unterstützungsrückersätze durch die Unterstützten selbst sind im Jahre 1910 vorgesehen:

    a) Für offene Armenpflege . . . . . . 650,— Mk.
        für Anstaltspflege . . . . 100,— „

                                        Summa a: 750,— Mk.

    b) Durch unterhaltspflichtige Angehörige für
        offene Armenpflege . . . . 4 800,— Mk.
        für Anstaltspflege . . . . 500,— „

                                        Summe b: 5 300,— Mk.

Anhang.

c) Durch Überweisungen von Invaliden- und Unfallrenten der Unterstützten an die Armenpflege:

für Aufwand in der offenen Armenpflege . . 700,— Mk.
für Deckung des Aufwandes der Anstaltspflege . . . . 3 200,— „

Summa c: 3 900,— Mk.

Zu Frage 3: Nach Art. 6 des bayrischen Armengesetzes vom 29. April 1869 in der Fassung der Bekanntmachung vom 30. Juli 1899 können auf Antrag der öffentlichen Armenpflege — die wegen Nichterfüllung der Unterhaltspflicht einschreiten mußte — der Ehegatte und der frühere Ehegatte, die Eltern und Großeltern, die Kinder und Enkel eines Hilfsbedürftigen durch Beschluß der Distriktsverwaltungsbehörde angehalten werden, dem Hilfsbedürftigen nach Maßgabe ihrer gesetzlichen Unterhaltspflicht die erforderliche Unterstützung zu gewähren und Ersatz der infolge der Nichterfüllung ihrer Verbindlichkeit für den Unterhalt gemachten Aufwendungen zu leisten. Das Gleiche gilt in Ansehung eines unehelichen Kindes von dem Vater, soferne er seine Vaterschaft nach § 1718 des B.G.B. anerkannt hat oder seine Unterhaltspflicht in einem vollstreckbaren Titel festgestellt ist.

Durch diese Bestimmung ist im Interesse der öffentlichen Armenpflegen die Entscheidung über eine ihrer Natur nach bürgerlich rechtliche Frage, die der Unterhaltspflicht — allerdings vorbehaltlich des Rechtsweges — den Verwaltungsbehörden zugewiesen worden.

Die Entscheidung der Distriktsverwaltungsbehörde kann nur angerufen werden, soferne es sich um die Unterstützung eines Hilfsbedürftigen im Sinne des Armengesetzes handelt. Es genügt also nicht, daß in der Person desjenigen, um dessen Unterhalt es sich handelt, die Voraussetzungen des B.G.B. für Erhebung eines Unterhaltsanspruches gegeben sind; es muß Hilfsbedürftigkeit im Sinne des Art. 3 des Armengesetzes — der am Schlusse dieser Ziffer niedergelegt ist — gegeben sein, bzw. wenn es sich um Ersatz für gemachte Aufwendungen der Armenpflege handelt, im Zeitpunkte der Unterstützung durch die Armenpflege gegeben gewesen sein.

Die Distriktsverwaltungsbehörde kann den Unterhaltspflichtigen auch nur zur Gewährung von Unterhalt in dem Maße anhalten, in dem die Armenpflege nach dem Armengesetze Unterstützung gewähren müßte. Es heißt in dem vorgenannten Artikel 6, die Distriktsverwaltungsbehörde habe den Unterhaltspflichtigen anzuhalten, dem Hilfsbedürftigen „die erforderliche Unterstützung" zu gewähren. Der Unterhaltspflichtige kann mit anderen Worten nur zur Gewährung des armenrechtlich festgesetzten Existenzminimums, also zur Gewährung des zur Erhaltung des Lebens und der Gesundheit Unentbehrlichen angehalten werden.

Der Gegenstand der Verpflichtung zur Unterhaltsgewährung, wie ihn das B.G.B. im § 1610 Abs. II und 1615 Abs. II festlegt, deckt sich hiernach vollkommen mit dem Gegenstand der Unterstützungspflicht, die Art. 11 Abs. II des Armengesetzes den Armenpflegern auferlegt hat.

Zu Frage 4: Nach Einf. Ges. Art. 139 zum B.G.B. bleiben die landesgesetzlichen Bestimmungen über die Ersatzansprüche juristischer Personen in Ansehung des Nachlasses einer verpflegten Person unberührt. Auf Grund dieser Bestimmung ist Art. 101 des bayr. Ausf. Ges. zum B.G.B. erlassen worden, der die bisher in Bayern geltenden Bestimmungen aufhebt und an die **Stelle des Erbrechts** der Anstalten, einen bestimmt begrenzten privatrechtlichen Ersatzanspruch festsetzt (vgl. Einf. Ges. z. B.G.B. Art. 103). Im Anschluß an Art. 101 gibt der Art. 102 des vorbesagten Ausf. Ges. den öffentlichen Verpflegungsanstalten ein Recht auf die von den verpflegten Personen zum Gebrauch in der Anstalt eingebrachten Sachen. Außer dem Ersatz ihrer Aufwendungen soll die Anstalt hierdurch namentlich Schutz vor der Behelligung mit Ansprüchen auf Herausgabe wirklich oder vermeintlich eingebrachter Sachen erlangen.

Der Ersatzanspruch nach Art. 101 steht der Anstalt auch dann zu, wenn in ihren Statuten hiervon nichts erwähnt ist. Dieser Ersatzanspruch gehört dem bürgerlichen Rechte an und sind deshalb Streitigkeiten durch die bürgerlichen Gerichte zu entscheiden.

Zu Frage 5: Ähnlich wie es sich mit dem Ersatze der Anstalten verhält, besteht auch die Bestimmung, daß die öffentliche Armenpflege Ersatz aus dem Nachlasse der unterstützten Personen verlangen kann.

Die Ersatzansprüche aus Art. 8 des bayr. Armengesetzes sind gleichfalls nicht öffentlichrechtlicher Natur und verjähren gemäß § 196 Ziff. 11 des B.G.B. in zwei Jahren. Da der Anspruch erst mit dem Tode der verpflegten Person entsteht, so beginnt mit diesem Zeitpunkt auch erst die Verjährungsfrist.

Den Armenpflegen steht — was nicht im Widerspruch mit dem vorangeführten Artikel steht — auch gegen die Nachlässe alimentations- oder unterhaltspflichtiger Personen ein Ersatzanspruch zu. Ein solcher Anspruch ist jedoch nur dann begründet, wenn der Verstorbene zu seinen Lebzeiten alimentations- oder unterhaltspflichtig gewesen war, dieser Verpflichtung aber nicht nachgekommen ist.

München.

Zu Frage 1a: 55 318 Mk. } Erstattung von 2 628 926 Mk. Unter-
Zu Frage 1b: 56 119 „   } stützung.
Gesonderte Aufführung: Kann nicht angegeben werden.
Zu Frage 2a: 56 700 Mk.
Zu Frage 2b: 52 500 Mk.
Zu Frage 3: Art. 5 Abs. 1 bayer. Armengesetzes.
Zu Frage 4:
Aus dem Nachlasse der im Gasteigspitale, St. Martinspital und im Kreuz-Johannesspitale innerhalb der letzten 10 Jahre vor dem Tode unterstützten oder unentgeltlich verpflegten Personen sind den bezeichneten Spitälern die für die Unterstützung und die Verpflegung während der ganzen Dauer der Leistung gemachten Aufwendungen zu ersetzen.

Anhang.

Die gesetzlichen Einschränkungen dieses Ersatzanspruches sind zu beachten.

Dem Gasteigspital, St. Martinspital und Kreuz=Johannesspital fallen jene Sachen, welche von einer Person, die in einem der bezeichneten Spitäler bis zum Tode unentgeltlich verpflegt worden ist, zum Zwecke des Gebrauches in der Anstalt eingebracht worden sind, als Eigentum zu.

Das Eigentum an diesen Sachen geht mit dem Eintritt des Erbfalles auf das Spital über. Der Wert der Sachen wird auf den dem betreffenden Spitale nach § 1 zustehenden Ersatzanspruch angerechnet.

Zu Frage 5: Art. 8 bayer. Armengesetzes.

Nürnberg.

Zu Frage 1:

Ersatzleistungen 1908 (1909 noch nicht abgeschlossen).

	Offene Armenpflege	Kranken=anstalten	Irren= und Blöden=anstalten	Kinder=erziehungs=anstalten
	Mk.	Mk.	Mk.	Mk.
Durch den Unterstützten selbst	6 318	3 438	5 290	711
		15 757		
Durch unterhaltspflichtige Angehörige	4 092	1 811	4 094	2 412
		12 409		
	10 410	5 249	9 384	3 123
		17 756		

Hierzu:
Arbeitsverdienst der Insassen der Beschäftigungsanstalt . 6460 Mk.
Von Armenhausbewohnern gezahlter Mietzins . . . . . 213 „

Zu Frage 2a und b: Im Voranschlag nicht ausgeschieden, unter Ersatzleistungen im allgemeinen enthalten.

Zu Frage 3: Es kommen Fälle vor, in welchen Unterstützungen gegen Rückzahlung erbeten und geleistet werden. Außer solchen kommt der Vorschuß nicht in Frage. Geschäftsführung ohne Auftrag und ungerecht=fertigte Bereicherung kommen wegen der Spezialvorschriften in Art. 5 und 6 des bayr. Armengesetzes nicht in Betracht.

Zu Frage 4: Nach Art. 8, Ic kann die Armenpflege mit gewissen Einschränkungen (für die letzten zehn Jahre und wenn nicht arme Pflicht=teilsberechtigte vorhanden sind) vollen Ersatz fordern. Einzelne, nicht von der Armenpflege betriebene Anstalten machen bei der Aufnahme für den Nachlaß Vorbehalte.

Zu Frage 5: Mit 4 beantwortet.

Würzburg.

Zu Frage 1:

Offene Armenpflege	Krankenhauspflege inkl. Verpflegung im sog. Ehehaltenhaus[1]	Waisenhaus u. sonstige Anstaltspflege
a) 1 034,96 Mk.	3 764,25 Mk.	290,75 Mk.
b) 104,40 „	5 625,79 „	850,— „
c) — „	444,95 „	— „

Zu Frage 2 a und b: In Summa 6166 Mk.

Zu Frage 3: Art. 6 des bayr. Armengesetzes vom 29. April 1869 in der Fassung der Bekm. vom 30. Juli 1899.

Zu Frage 4a: Nein, ausgenommen die zum eigenen Gebrauch eingebrachten Sachen (Art. 101, 102, bayr. A.G. z. B.G.B.).

Zu Frage 4b: Ja.

Zu Frage 5a: Nein.

Zu Frage 5b: Ja, Art. 5 des bayr. Armengesetzes.

III. Sachsen.

Chemnitz.

Zu Frage 1: 5874,05 Mk. Erstattungen auf laufendes Almosen, und zwar durch den Unterstützten selbst und unterhaltspflichtige Angehörieg (getrennte Buchung findet nicht statt).

Wieviel an erstatteten vorübergehenden Unterstützungen, Kur- und Pflegekosten, an Rückzahlungen auf Kleidungsstücke, Arzneien usw., Begräbnis-, Entbindungskosten, Speise-, Kohlen-, Brotmarken usw. auf die Unterstützten und ihre unterhaltspflichtigen Angehörigen entfallen, läßt sich ohne außerordentliche Nachprüfung nicht feststellen, da bei diesen Posten eine getrennte Buchung der Erstattung durch die Unterstützten und ihre Angehörigen einerseits und durch auswärtige Armenverbände, Krankenkassen usw. anderseits nicht erfolgt.

Zu Frage 2: 4500 Mk. Erstattungen auf laufendes Almosen durch die Unterstützten und unterhaltspflichtige Angehörige.

Weitere Feststellungen unmöglich aus den gleichen Gründen wie unter Punkt 1.

Zu Frage 3: a) Gegen den Unterstützten selbst auf § 65 der sächs. Armenordnung vom 22. Oktober 1840.

b) Gegen unterhaltspflichtige Angehörige auf Geschäftsführung ohne Auftrag ev. auch, vom Zeitpunkt des eingetretenen Verzugs an, §§ 1601 fg. (vgl. aber § 1613) B.G.B. verbunden mit § 62 Unterstützungs-Wohnsitz-Gesetzes.

Zu Frage 4: a) Ein gesetzliches Erbrecht nur von seiten der Landesheil- und Pflegeanstalten für Geisteskranke am Nachlaß der zu längerer Verpflegung, d. h. länger als 18 Monate Untergebrachten, und zwar zur

---

[1] Ehehaltenhaus ist zugleich Armenhaus und Krankenhaus.

Anhang. 83

Hälfte der Erbschaft, wenn die Unterbringung länger als die letzten vier Jahre vor dem Tode gedauert hat, zu einem Drittel bei kürzerer Dauer, vorausgesetzt, daß weder Erben der ersten oder zweiten Ordnung noch Voreltern vorhanden sind (§ 42 des sächs. Ausf. Gesetzes z. B.G.B. vom 18. Juni 1898, Ges.- und Verordn.-Blatt S. 191 fg.; § 53 des Regulativs für die Unterbringung in einer Landesheil- und Pflegeanstalt für Geisteskranke; Ges.- und Verordn.-Blatt 1902 S. 37 fg.).

b) Von seiten der Stadtgemeinde wegen Unterbringung in eine städtische Krankenanstalt nur eine Nachlaßforderung.

Zu Frage 5: Bloße Nachlaßforderung.

Dresden.

Zu Frage 1: Erstattungen von Unterstützten selbst, aus Nachlässen oder von dritten Personen auf:

1. Offene Armenpflege . . . . 79 038,02 Mk.
2. Krankenhauspflege . . . . 12 456,33 „
3. Landpflege (Kinder) . . . . 21 273,38 „
4. Stadtpflege (Kinder) . . . . 4 254,88 „
5. Anstaltspflege:
   a) Findelhaus . . . . . 6880,89 Mk.
   b) Erziehungsanstalt . . . 1503,09 „
   c) Waisenhaus . . . . . 494,87 „
   d) Kinderpflegeanstalt . . 6266,75 „
   e) Versorghaus . . . . . 5645,90 „
   f) Arbeitsanstalt . . . . 1983,31 „ 22 774,81 „

   139 797,42 Mk.

Zu Frage 2: 1910 sind laut Haushaltsplan an Einnahme auf Pflegegelder und Unterstützungen **insgesamt** vorgesehen:

Armenamt . . . . 195 000 Mk.
Versorghaus . . . . 37 320 „
Arbeitsanstalt . . . . 6 660 „
Fürsorgeamt (Fürsorgesachen) . . . . . . 87 500 „
„ (Armensachen) . . . . 12 000 „
Erziehungsanstalt . . . . 2 850 „
Kinderpflegeanstalt . . . . 11 500 „
Stadtpflege . . . . 25 000 „
Landpflege . . . . 42 000 „
Findelhaus . . . . 12 000 „
Stadtkrankenhaus Friedrichstadt . . . . . 552 304 „
„ Johannstadt . . . . . . 258 404 „

Anmerkung zu Frage 2: Erstattungen von Verpflegten selbst oder anderen Personen, sowie von Krankenkassen, Berufsgenossenschaften, Orts- und Landarmenverbänden.

Zu Frage 3: Armenordnung für das Königreich Sachsen vom 22. Oktober 1840, §§ 66, 67.

6*

Zu Frage 4: An dem gesamten Nachlaß in Höhe des Armenkassenaufwandes.

Zu Frage 5: Desgleichen.

Leipzig.

Zu Frage 1a und b: Im Jahre 1909 sind von den unter a und b bezeichneten Personen erstattet worden:

Auf offene Pflege	40 563,82 Mk.
Für Obdachlose	522,16 „
„ Armenhäuser und Versorgte	29 294,95 „
„ Geisteskranke	72 079,20 „
„ Schwachsinnige, Gebrechliche, Blinde und Taubstumme	1 450,07 „
„ Kranke in den Pflegehäusern	12 219,66 „
„ Kranke in den Krankenhäusern	23 649,92 „
„ sittlich Gefährdete	4 250,36 „
„ Waisenkinder	43 187,19 „
„ in der Arbeitsanstalt Untergebrachte	1 371,37 „
Summa:	228 588,70 Mk.

Ausführlichere Angaben können nicht gemacht werden.

Zu Frage 2: Die Beantwortung der Frage ist nicht möglich.

Zu Frage 3: Der Erstattungsanspruch wird in Verbindung mit Artikel 103 des Einführungsgesetzes zum B.G.B. gestützt auf §§ 65, 66 der sächsischen Armenordnung vom 22. Oktober 1840, wonach jede öffentliche Armenunterstützung an sich nur als ein **Vorschuß** zu betrachten ist. Die Erstattungspflicht wird nicht nach den Bestimmungen des Privatrechts (Geschäftsführung ohne Auftrag usw.), sondern wie alle Fragen des Armenrechts nach den Vorschriften des öffentlichen Rechts beurteilt.

Zu Frage 4: Wird jemand, der Vermögen besitzt, in eine Armenanstalt aufgenommen, so ist das Vermögen beim Armenamte zu hinterlegen; alljährlich werden die Pflegekosten berechnet und aus dem Vermögen gedeckt, das dadurch in der Regel schon vor dem Tode aufgebraucht wird. Ist aber, nachdem alle Kosten gedeckt sind, beim Ableben doch noch ein Vermögensrest vorhanden, und bitten Angehörige um dessen Herausgabe, so wird diesem Gesuche meist entsprochen und auf das Erbrecht der Anstalt verzichtet.

Das gesetzliche Erbrecht der Armenanstalten ist gegeben im § 43 des sächsischen Einführungsgesetzes zum deutschen B.G.B. vom 18. Juni 1898 (früher § 2060 des sächsischen B.G.B.! f.) und in Artikel 139 des Einführungsgesetzes zum deutschen B.G.B. Danach steht der juristischen Person, der ein Ortsarmen-, Ortskranken- oder Ortswaisenhaus gehört, beim Tode einer darin unentgeltlich verpflegten Person dasselbe Erbrecht zu wie dem Staate bei den in den Landesanstalten Verstorbenen (§§ 42 bis 43 des sächsischen Einführungsgesetzes).

Anhang.

In geeigneten Fällen wird deshalb von dem Verpflegten eine Erklärung entgegengenommen, worin er ausdrücklich anerkennt, daß er **unentgeltlich** aufgenommen worden ist.

Das gesetzliche Erbrecht der Armenanstalten läßt sich aber nur ganz selten verwirklichen, weil Leute, die noch soviel Vermögen haben, daß es bei Lebzeiten voraussichtlich nicht aufgebraucht wird, zu ihrer dauernden Versorgung erfahrungsgemäß andere (bes. Stiftungs-) Anstalten bevorzugen.

Diese nichtöffentlichen Anstalten haben ein Erbrecht gemäß § 45 des sächs. Einführungsgesetzes zum B.G.B. (früher § 2059 des sächs. B.G.B.), wenn

1. ihre von der zuständigen staatlichen Behörde aufgestellten oder bestätigten Satzungen ein solches Erbrecht festsetzen, und
2. der Erblasser oder dessen Vertreter vor der Aufnahme gerichtlich zu Protokoll anerkannt hat, daß er von dem Erbrechte Kenntnis habe.

Das im § 68 der sächs. Armenordnung genannte Mandat vom 31. Januar 1829 ist später in den § 2057 des sächs. B.G.B. und § 42 des sächs. Gesetzes vom 18. Juni 1898 übergegangen.

Übrigens wird in § 68 der sächs. Armenordnung unabhängig von dem Erbrecht ausdrücklich das Recht der Anstalten anerkannt, sich aus dem Nachlaß der in ihnen Verstorbenen für ihre „vorgeschossenen und aufgewendeten Kosten" schadlos zu halten. Außerdem sind letztwillige Verfügungen, Erbverträge, Schenkungen eines Armen, die diesen Bestimmungen zuwiderlaufen gemäß § 69 der sächs. Armenordnung ungültig.

Zu Frage 5 a und b: Bei in offener Armenpflege Verstorbenen wird nur eine Nachlaßforderung geltend gemacht.

Plauen.

Zu Frage 1 und 2: Die hier getroffenen Einrichtungen zur Verrechnung der Erstattungen bieten keinen genügenden Anhalt zu einer sachdienlichen Beantwortung der gestellten Fragen. Unser letzter Rechnungsabschluß liegt für das Jahr 1908 vor. Danach wurden erstattet:

Die Erstattung erfolgte auf Kosten für	Die Erstattung erfolgte von		
	Armenverbänden	Krankenkassen, Versicherungsanstalten und Berufsgenossenschaften	Dem Unterstützten, von seinen Angehörigen aus Renten, Vermögen oder Nachlaß
	Mk.	Mk.	Mk.
Verpflegung im Krankenhause	8 586	4 376	8 780
Verpflegung in Landesanstalten	2 274	1 686	3 333
Verpflegung im städtischen Armen- und Arbeitshause und Armenasyl	8 186	3 846	3 116
	19 046	9 908	15 229

Ferner wurden 25 962 Mk. auf die für die öffentliche Armenfürsorge aufgewendeten Kosten von den oben bezeichneten Stellen insgesamt erstattet.

Für das laufende Rechnungsjahr (1910) sind 17 300 Mk. als Erstattungen für Kosten der offenen Armenpflege und 35 500 Mk. als Erstattungen für Kosten der geschlossenen Armenpflege, 52 800 Mk. insgesamt, vorgesehen.

Zu Frage 3: Auf Grund von § 65 der Armenordnung für das Königreich Sachsen vom 22. Oktober 1840 — Gesetz- und Verordnungsblatt vom Jahre 1840, S. 257 —, in dem bestimmt ist, daß jede öffentliche Armenunterstützung nur als Vorschuß zu betrachten ist.

Zu Frage 4: Am gesamten Nachlaß in Höhe der für den Verstorbenen tatsächlich aufgewendeten Kosten nach § 68 der unter Frage 3 bezeichneten Armenordnung das gesetzliche Erbrecht. Vgl. hierzu auch § 43 der sächsischen Ausführungs-Verordnung zum Bürgerlichen Gesetz vom 18. Juni 1898.

Zu Frage 5a: Nein.

Zu Frage 5b: Ja, nach der oben bezeichneten Armenordnung.

Zwickau.

Zu Frage 1: Kann nicht getrennt angegeben werden, weil die Buchung nicht getrennt erfolgt.

1909:
1. Offene Armenpflege . . . . 12 366,24 Mk.
2. Geschlossene Armenpflege . . . . . 4 668,21 „

Zu Frage 2: Die Erstattungen durch die verpflichteten Armenverbände und durch die Unterstützten und deren Angehörigen sind nicht getrennt gehalten.

Zu Frage 3: Die Rückerstattung gewährter Unterstützungen wird von dem Unterstützten gefordert auf Grund der §§ 65 bis 66 der Armenordnung für das Königreich Sachsen vom 22. Oktober 1840.

Nach diesen Bestimmungen ist jede öffentliche Armenunterstützung nur als Vorschuß zu betrachten.

Zu Frage 4: In jedem Fall werden die Sachen von verstorbenen Anstaltsverpflegten, die diese mit in die Anstalt gebracht haben, gemäß § 68 der oben genannten Armenordnung als Eigentum der betreffenden Anstalt betrachtet. Ist außerdem noch Nachlaß vorhanden, so wird in Höhe des Aufwandes an diesen Anspruch erhoben.

Ein gesetzliches Erbrecht steht den Ortsarmenverbänden nach dem Gesetze vom 18. Juni 1898 §§ 42 und 43 zu.

Zu Frage 5: Gemäß § 67 der mehrerwähnten Armenordnung wird der Nachlaß von Armen in Höhe des Aufwandes in Anspruch genommen. Erheben die etwa vorhandenen Erben hiergegen Einspruch und treten den Nachlaß an, so wird der Anspruch gegen diese geltend gemacht.

Anhang.

IV. Württemberg.
Stuttgart.

In Württemberg ist die Frage des Ersatzes des Unterstützungsaufwands durch den Unterstützten selbst in Art. 3 des Gesetzes vom 17. April 1873 betr. Ausführung des Reichsgesetzes über den Unterstützungs-Wohnsitz vom 6. Juni 1870 mit folgendem Wortlaut geregelt:

„Personen, welche ungeachtet des Besitzes genügender Mittel auf Grund des gegenwärtigen Gesetzes öffentliche Armenunterstützung erlangt haben, sind zum Ersatz des Empfangenen verpflichtet.

Außerdem ist jede auf Grund dieses Gesetzes an eine Person über 18 Jahre für sich, ihre Ehefrau oder Kinder, welche mit ihr in häuslicher Gemeinschaft stehen, aus einer Armenkasse abgegebene Unterstützung, mit Ausnahme des Aufwands für Schulunterricht, als ein Vorschuß zu betrachten, dessen Wiedererstattung die Armenbehörde verlangen kann, falls der Unterstützte in eine Lage gekommen ist, welche ihm die Ersatzleistung unbeschadet der Sicherstellung seines und der Seinigen Lebensunterhalt ermöglicht."

Die Rückerstattungspflicht erstreckt sich nur auf die notwendige Unterstützung. Wurde aus irgendeinem Grunde mehr geleistet, so besteht eine gesetzliche Verpflichtung zur Wiedererstattung der Mehrleistung nicht.

In den Motiven der Regierung zu obiger Gesetzbestimmung ist davon ausgegangen, daß der Anspruch auf Rückerstattung unter den bezeichneten Voraussetzungen, auch gegen den Nachlaß Verstorbener geltend gemacht werden kann.

Zu Frage 1a und b: In offener Armenpflege vom Rechnungsjahr 1908 bis 1909 29 495,31 Mk.

Eine Ausscheidung zwischen Frage a und b würde mit ziemlich hohem Zeitaufwand verknüpft sein.

Die Erstattungen für geschlossene Armenpflege können nicht angegeben werden, da hierüber keine besondere Buchführung erfolgt und die Ausscheidung sehr umständlich wäre.

Zu Frage 2: 27 000 Mk. aus offener Armenpflege, im übrigen siehe bei zu Frage 1.

Zu Frage 3: Vgl. obige Gesetzbestimmung.
Zu Frage 4a: Nein.
Zu Frage 4b: Ja.
Zu Frage 5a: Nein.
Zu Frage 5b: Ja.

V. Baden.
Freiburg im Breisgau.

Zu Frage 1a und b: 3124 Mk. Getrennte Angabe ist nicht möglich.

Zu Frage 2a und b: 4370 Mk. (hierunter sind auch Ersatzposten durch Armenverbände usw.).

Zu Frage 3: § 1601 B.G.B. § 5 des badischen Gesetzes vom 5. Mai 1870, die öffentliche Armenpflege betreffend.

Zu Frage 4: Ja, gemäß § 5 des badischen Gesetzes vom 5. Mai 1870 am gesamten Nachlaß in Höhe der für den Verstorbenen und seine nicht armenmündigen Angehörigen aufgewendeten Kosten.

Zu Frage 5: Desgleichen wie zu Frage 4.

Mannheim.

Zu Frage 1a und b: Im Jahre 1909 24 896 Mk. (Gesonderte Aufführung ist nicht möglich.)

Zu Frage 2: Pro 1910 sind vorgesehen 22 000 Mk.

Zu Frage 3, 4 und 5: Der Ersatzanspruch gegen den Unterstützten und die Geltendmachung der Rückforderung sind für die badischen Armenverbände durch § 5 des badischen Landesgesetzes vom 5. Mai 1870, die öffentliche Armenpflege betreffend, wie folgt geregelt: „Der Unterstützte, welcher zu genügendem Vermögen gelangt, ist zur Rückerstattung der von seinem 18. Lebensjahre an von der öffentlichen Armenpflege ihm gewährten Unterstützung in angemessenen Fristen verpflichtet.

Sofern nicht arme Noterben vorhanden sind, ist auch der Nachlaß der Unterstützten ersatzpflichtig.

Gegen den überschuldeten Nachlaß findet die Rückforderung nicht statt."

Ein gesetzliches Erbrecht besteht nicht.

VI. Hessen.

Darmstadt.

Zu Frage 1a: Rund 16 162 Mk.
Zu Frage 1b: „ 3 609 „

Die Scheidung der von den Unterstützten bzw. deren Angehörigen eingegangenen Ersatzleistungen in die beiden obenstehenden Kategorien läßt sich nur schätzungsweise annehmen.

Im Jahre 1909. R. J.

Für die obige Position zusammen (a und b):

Offene Armenpflege	7 400 Mk.
Krankenhauspflege	4 866 „
Armenhaus	340 „
Pfründnerhaus	3 638 „
Unterbringung von Kindern	3 609 „

Zu Frage 2: Die Ersatzleistungen sind im Voranschlag nur nach der Unterstützung und nicht nach den ersatzpflichtigen Stellen vorgesehen; zahlenmäßige Angaben lassen sich deshalb nicht machen.

Zu Frage 3: § 62 U.W.G. in Verbindung mit Art. 72 und 73 des hessischen Ausführungsgesetzes zum B.G.B.

Bei Klagen wurden Anträge vorsorglich auch auf nützliche Geschäftsführung und ungerechtfertigte Bereicherung gestützt.

Anhang.

Zu Frage 4a: Nur an den eingebrachten Sachen.
Zu Frage 4b: Im übrigen Nachlaßforderung.
Zu Frage 5a: Nachlaßforderung.

Mainz.

Zu Frage 1a und b:

Rechnungsjahr 1908.

(a und b sind zusammen angegeben, weil getrennte Verrechnung nicht stattfindet und die Einzelsummen sich nachträglich nicht mehr ermitteln lassen.)

1. Offene Armenpflege . . . . 6259,23 Mk.
2. Kinderpflege . . . . 3737,60 „
3. Invalidenhaus (Armenhaus) . . . . . 5233,01 „
4. Krankenhaus . . . . 3387,76 „
5. Sonstige Anstalten . . . . 436,10 „

Zu Frage 2a und b:

1. Offene Armenpflege (einschließlich Kranken- usw.-Kassen) . . . . 5000,— „
2. Kinderpflege (einschließlich Kranken-usw.-Kassen) . . . . 3000,— „
3. Invalidenhaus . . . . 3000,— „
4. Krankenhaus (einschließlich Kassen und Renten) 6000,— „
5. Sonstige Anstalten . . . . 150,— „

Zu Frage 3: Der Erstattungsanspruch gründet sich auf Art. 72/73 des hessischen Ausführungsgesetzes vom 17. Juli 1899 zum Bürgerlichen Gesetzbuch.

Zu Frage 4a: Erbrecht wird gemäß Art. 127 vorgenannten Gesetzes an den in die Anstalt eingebrachten Sachen eventuell bis zur Höhe der Aufwendungen geltend gemacht.

Zu Frage 4b: Falls sonstiges Vermögen vorhanden ist, wie bei 3.

Zu Frage 5: Durch Anfragen beim Orts- und Amtsgericht wird festgestellt, ob ein Nachlaß vorhanden, und bejahendenfalls wird Ersatz der tatsächlichen Aufwendungen beansprucht.

Offenbach a. M.

Zu Frage 1a und b: 1908: 9341,71 Mk.

Eine gesonderte Aufführung der Beträge im Sinne der Fragestellung ist nicht angängig.

Zu Frage 2: 1910: In der unter Rubrik 6 des Voranschlags vorgesehenen Summe von 45 000 Mk. sind ca. 10 000 Mk. als Ersatz von Unterstützten bezw. deren Angehörigen enthalten.

Zu Frage 3: Die Unterstützungen werden als Vorschuß gewährt unter der Verpflichtung zur Rückerstattung. Auf dem von dem Unterstützten zu unterfertigenden Verhandlungsbogen ist ein darauf bezüglicher Vordruck enthalten. Eine weitere Spezialvorschrift existiert nicht. Ansprüche werden auf Grund des Bürgerlichen Rechts verfolgt.

Zu Frage 4a: Ja, nur an den eingebrachten Sachen, jedoch ohne Rücksicht auf die Höhe der aufgewendeten Kosten.

Zu Frage 4b: Unabhängig von der bei a eingehaltenen Praxis wird zur Deckung der für den Verstorbenen gehabten Aufwendungen eine Nachlaßforderung bei dem Nachlaßrichter geltend gemacht.

Zu Frage 5a: Nein.

Zu Frage 5b: Ja.

Auszug
aus dem hessischen Gesetz vom 17. Juli 1899, die Ausführung des Bürgerlichen Gesetzbuches betr.

Artikel 72.

Der Staat sowie Verbände und Anstalten, die auf Grund des öffentlichen Rechts zur Gewährung von Unterhalt verpflichtet sind, können Ersatz für den Unterhalt, den sie Armen, Waisen, Minderjährigen, deren Zwangserziehung angeordnet war, oder Personen, die der Hilfe, Pflege oder einer sonstigen Fürsorge bedurften, auf Grund öffentlichrechtlicher Verpflichtung gewährt haben, von demjenigen verlangen, welcher diesen Personen gegenüber nach den Vorschriften des Bürgerlichen Gesetzbuches unterhaltspflichtig war; der Ersatzanspruch kann nur in demselben Maße und unter denselben Voraussetzungen geltend gemacht werden, als dem Unterstützten auf die ihm gewährten Leistungen gegenüber dem Unterhaltspflichtigen ein Recht zusteht.

Artikel 73.

In den Fällen des Artikel 72 können die dort angeführten Forderungsberechtigten Ersatz der Aufwendungen, die sie für Gewährung des Unterhalts gemacht haben, auch von den Personen, denen der Unterhalt gewährt worden ist, verlangen, sofern der Kreisausschuß des Kreises, in welchem der Schuldner wohnt, der Geltendmachung der Ersatzansprüche zustimmt oder die Geltendmachung selbst beschließt. Der Kreisausschuß hat bei seiner Entschließung in Betracht zu ziehen, ob die unterstützte Person ohne wesentliche Gefährdung ihrer wirtschaftlichen Lage zur Wiedererstattung imstande ist.

Gegenüber Waisen sowie gegenüber Minderjährigen, deren Zwangserziehung angeordnet war, besteht ein derartiger Ersatzanspruch nicht.

Der Ersatzanspruch erlischt, wenn er nicht binnen vier Jahren nach dem Zeitpunkte gerichtlich geltend gemacht wird, in welchem der Ersatzberechtigte Kenntnis davon erlangt hat, daß der Schuldner mit Erfolg belangt werden kann.

Die Geltendmachung des Ersatzanspruchs ist ausgeschlossen, wenn seit der Gewährung der Unterstützung dreißig Jahre verflossen sind.

Artikel 127.

Den rechtsfähigen Armenversorgungs-, Heil-, Besserungs-, Erziehungs- und Verpflegungsanstalten steht ein Recht auf die Sachen zu, welche von einer Person, die in der Anstalt bis zum Tode unentgeltlich verpflegt worden ist, zum Zwecke des Gebrauchs in der Anstalt eingebracht worden sind;

das Recht kann durch Verfügung des Verpflegten nicht ausgeschlossen oder beschränkt werden.

Die Sachen gehören nicht zur Erbschaft; das Eigentum an den Sachen geht mit dem Eintritte des Erbfalls auf die Anstalt über.

Artikel 128.

Das in Artikel 127 bezeichnete Recht steht, falls die verpflegende oder unterstützende Anstalt dem Staate, einem Kommunalverband oder einer anderen juristischen Person angehört, dem Staate, dem Kommunalverband oder der juristischen Person zu.

VII. Braunschweig.

Braunschweig.

Zu Frage 1: Eine Statistik über die Fragepunkte liegt hier nicht vor.

Zu Frage 2: Desgleichen ist keine getrennte Veranschlagung erfolgt.

Zu Frage 3: Vorschuß. § 200 der braunschweigischen Städteordnung sagt: „Die geleisteten Unterstützungen sind als Vorschüsse zu betrachten, welche von den unterstützten Armen selbst sowie von den alimentations= pflichtigen Verwandten oder von den Erben der Unterstützten im Wege der Klage zurückverlangt werden können."

Zu Frage 4a: Nein; nur den hiesigen sogenannten Beguinenhäusern ist ein solches besonderes Erbrecht gesetzlich zugestanden. Die Armenkasse ist dabei nicht beteiligt, da jene selbständige Stiftungen sind.

Zu Frage 4b: Ja.

Zu Frage 5a: Nein.

Zu Frage 5b: Ja.

VIII. Anhalt.

Dessau.

Zu Frage 1a und b: 8207,97 Mk. pro 1. Juli 1908 bis 30. Juni 1909. Eine gesonderte Verrechnung der Beträge, wie neben= stehend angegeben, erfolgt diesseits nicht.

Zu Frage 2a und b: 6000 Mk. pro 1909/10. Im übrigen wie zu 1.

Zu Frage 3: Auf Grund gesetzlicher Spezialvorschrift.

Zu Frage 4a und b: Nach Art. 72 des anhalt. Ausführungsgesetzes zum B.G.B. (anhalt. Ges.=Samml. Nr. 1038) fallen die von den in Anstaltspflege Verstorbenen eingebrachten zu ihrem persönlichen Gebrauche bestimmten Sachen der Anstalt zu.

Zu Frage 5a: Ja.

IX. Hamburg.

Zu Frage 1: Eine Trennung der Erstattungen durch den Unterstützten selbst und der Erstattungen durch unterhaltspflichtige Angehörige findet in den Einnahmebuchungen nicht statt. Es sind 1909 von diesen beiden Gruppen bezahlt 224 720,99 Mk. Unterabteilungen für verschiedene Arten von Unterstützungen, auf die Erstattungen erfolgen, werden bei Erstattungen durch Privatpersonen nicht gemacht.

Zu Frage 2: Für 1910 ist im Voranschlag die Einnahme aus Erstattungen von Unterstützten selbst und von dritten Personen mit 200 000 Mk. eingestellt.

Zu Frage 3: Für den Erstattungsanspruch des Ortsarmenverbandes Hamburg gegen den Unterstützten kommt seit dem 1. Januar 1908 der § 19 des hamburgischen Gesetzes über das Armenwesen vom 11. September 1907 in Betracht.

Zu Frage 4 und 5: Was das Erbrecht der Allgemeinen Armenanstalten anlangt, so kommt seit dem 1. Januar 1908 der § 22 des Armengesetzes vom 11. September 1907 in Betracht.

Danach wird ein Unterschied zwischen den in Anstaltspflege und den in offener Armenpflege Verstorbenen nicht gemacht.

Das Erbrecht bezieht sich auf den gesamten Nachlaß und wird auch über den Gesamtwert der für den Unterstützten gemachten Aufwendungen in Anspruch genommen.

X. Bremen.

Zu Frage 1a und b: 80 210,85 Mk.
Zu Frage 2a und b: 78 000,— Mk.

Zu Frage 1 und 2: Die Angaben, wie gewünscht, sind leider nicht möglich. Es würde jeder einzelne Posten daraufhin angesehen werden müssen, ob er vom Unterstützten selbst oder einem Angehörigen herrührt.

Zu Frage 3: Brem. Gesetz vom 18. Juli 1899 betr. Erstattung von Armenunterstützung:

§ 1. „Jeder von einem bremischen Armenverband Unterstützte ist verpflichtet, sobald er dazu nach Bestreitung des notdürftigsten Unterhalts imstande ist, alle ihm gewährten Unterstützungen dem Armenverbande zu ersetzen." — Außerdem wird jeder Unterstützungsempfänger durch Unterschrift besonderer Bedingungen zur Erstattung verpflichtet.

Zu Frage 4: Ein gesetzliches Erbrecht am gesamten Nachlaß derjenigen, die innerhalb der letzten fünf Jahre vor dem Tode unterstützt sind.

Zu Frage 3 und 4: Eine gewisse Erstattung erfolgt auch durch Übernahme der sog. Totenladen und sonstigen Sterbeversicherungen. Übernahme derselben geschieht bei dauernd unterstützten Personen. Die Armenpflege zahlt während der Lebenszeit der Unterstützten die fälligen Prämien und erhebt beim Tode die Versicherungssumme.

Anhang. 93

Bei den **früher** Unterstützten wird gegebenenfalls aber selten eine bloße Nachlaßforderung geltend gemacht.

Zu Frage 5: Ja, wie zu 4.

XI. Lübeck.

Zu Frage 1 und 2:

Im Rechnungsjahre 1909 (1. April 1909 bis 31. März 1910)   Voranschlag 1910

1. Offene Armenpflege:
   - a) Bezirkspflege . . . . . . 2 079,12 Mk.   750,— Mk.
   - b) Krankenpflege . . . . .   177,80 „   75,— „
   - c) Beerdigungskosten . . .   301,96 „   150,— „
   - d) Transportkosten . . . .   101,03 „   30,— „
   - e) Sonstige Kosten . . . .   35,50 „   5,— „

   Summa: 2 695,41 Mk.   1 010,— Mk.

2. Auswärtige Armenpflege: (Auswärts unterstützte Ortsangehörige) . . . .   359,41 Mk.   250,— Mk.

3. Geschlossene Armenpflege:
   - a) Krankenhauskosten . . . .
   - b) Kinderhospitalkosten . . .
   - c) Irrenanstaltskosten . . . 6 368,64 „   2 000,— „
   - d) Idiotenanstaltskosten . . .
   - e) Blindenanstaltskosten . . .
   - f) Siechenhauspflegekosten . . 2 549,97 „   1 600,— „
   - g) Armen-Arbeitshaus-, Armen-Asyl- und Krankenstationskosten   1 148,80 „   650,— „

4. Kinderpflege . . . . . 2 504,92 „   1 495,— „

   Summa: 15 627,15 Mk.   7 005,— Mk.

Zu Frage 3: Für die Erstattung gewährter Unterstützung sind die Vorschriften des § 59 des lübeckschen Ausführungsgesetzes zum B.G.B. maßgebend.

Auch auf Grund der Geschäftsführung ohne Auftrag, sowie rechtloser Bereicherung sind mit Erfolg Erstattungen beansprucht.

Zu Frage 4a: Das Erbrecht der Armenverbände regelt § 142 des lübeckschen Ausführungsgesetzes zum B.G.B. Dieser bestimmt:

„Den Armenverbänden, dem Heiligen Geist-Hospitale und dem St. Jürgen-Siechenhause vor Travemünde steht an dem Nachlasse derjenigen Personen, denen sie vollständige Versorgung oder regelmäßige Unterstützung gewährt haben, ein Erbrecht zu, wenn die Versorgung oder Unterstützung bis zum Tode gedauert oder erst in den letzten 60 Tagen vor dem Todestage aufgehört hat.

Das Erbrecht besteht nicht, wenn die Versorgung oder Unterstützung vor dem Tode aufgehört hat und die für sie gemachten Aufwendungen vor dem Tode erstattet sind."

Das Erbrecht wird stets an dem gesamten Nachlasse geltend gemacht.

XI. Lübeck. XII. Elsaß-Lothringen: Metz. Mülhausen. Straßburg.

Zu Frage 4b: Gegenstandslos.
Zu Frage 5a: Wie zu 4a.
Zu Frage 5b: Gegenstandslos.

XII. Elsaß-Lothringen.
Metz.

Zu Frage 1a und b: Keine.
Zu Frage 2a: Keine.
Zu Frage 2b: Keine.
Zu Frage 3: Nein.
Zu Frage 4a: Nein.
Zu Frage 4b: Nein.
Zu Frage 5a: Nein.
Zu Frage 5b: Nein.

Mülhausen i. E.

Zu Frage 1 bis 5: In Elsaß-Lothringen bestand für die Armenverwaltung ein Regreßanspruch an den Unterstützten oder deren Angehörigen nach dem bisher geltenden Rechte nicht. Das Reichsgesetz über den Unterstützungswohnsitz ist hierzulande am 1. April 1910 in Kraft getreten. Es können auf Grund des § 62 dieses Gesetzes Ersatzforderungen an den Unterstützten oder die dazu Verpflichteten geltend gemacht werden. Im Voranschlag für 1910 ist jedoch vorläufig noch nichts vorgesehen.

Straßburg.

Zu Frage 1a und b:

	Spital	Waisenhaus und Bezirks-Findel- und Waisenanstalt.	
	Kann nicht angegeben werden, weil nicht besonders geführt.	a) 1 214,31 Mk.	4 256,06 Mk.
		b)	1 912,99 „

Zu Frage 2a und b:

	Nicht veranschlagt.	a) 2 100,— „	4 500,— „
		b) nicht veranschlagbar.	

Zu Frage 3: § 139 A.G. zum B.G.B. Anspruch gegen Unterstützten und unterstützungspflichtige Angehörige. § 166 A.G. zum B.G.B. gesetzliches Erbrecht an der Stelle des Fiskus am gesamten Nachlaß, wenn keine Erben sonst vorhanden sind.

Zu Frage 4: A.G. § 167 zum B.G.B. gesetzliches Erbrecht an den eingebrachten zum persönlichen Gebrauch bestimmten Sachen auch beim Vorhandensein von Erben.

Nicht eingegangen bis zum Schluß der Korrektur sind die Antworten von Brandenburg a. H., Frankfurt a. M., Gleiwitz, Harburg, Mülheim a. d. Ruhr, Remscheid und Rostock.

Printed by Libri Plureos GmbH
in Hamburg, Germany